MON P'TIT CAHIER

ÉDUCATION POSITIVE

4-8 ANS

CHRISTINE KLEIN

ILLUSTRATIONS
SOPHIE RUFFIEUX (INTÉRIEUR)
ISABELLE MAROGER (COUVERTURE)

SOLAR
EDITIONS

SOMMAIRE

Introduction

Une nouvelle parentalité émerge depuis quelques années en France. Elle porte un regard différent sur le développement de l'enfant, notamment grâce aux progrès des neurosciences. Elle se base aussi sur des principes de respect et de coopération pour une société moins violente, plus équitable, composée d'individus responsables. Fini le temps de l'autoritarisme et des rapports de pouvoir avec les enfants !

Notre défi en tant que parents ? Faire en sorte que nos petits grandissent heureux, avec toutes les clés en main pour enrichir leur potentiel ! À l'ère du développement personnel, l'éducation des enfants devient un acte majeur de prévention des troubles fréquemment observés chez les adultes : manque de confiance en soi, angoisses, difficultés émotionnelles et relationnelles…

Nous sommes ainsi devenus les premiers experts de nos bambins : puisque nous les côtoyons au quotidien, nous sommes les mieux placés pour leur transmettre les ressources et les compétences fondamentales. Et, cerise sur le gâteau, cet accompagnement nous permet de grandir humainement.

Ce n'est pas facile tous les jours, c'est sûr ! Qu'on se le dise d'emblée, en matière d'éducation, rien ne fonctionne à tous les coups, chaque famille étant unique… Heureusement, il existe des alternatives, des orientations plus constructives, surtout sur le long terme, qui participent pleinement au développement de nos enfants et répondent à leurs besoins d'amour et de soutien.

Un voyage de mille lieues commence toujours par un premier pas (Lao Tseu).

Dans ce cahier, vous trouverez toutes les pistes pour mieux comprendre les fondements de la parentalité bienveillante, le fonctionnement du cerveau et des émotions des enfants et des adultes. Vous pourrez également vous mettre en chemin sur cette nouvelle voie grâce aux programmes, qui vous permettront de réaliser des actions concrètes et efficaces pour vous-même et vos enfants. C'est une belle aventure dans laquelle vous vous lancez ! Belle route à vous !

Test : qu'est-ce que l'éducation positive peut apporter à mon enfant ?

Voici un petit questionnaire qui vous permettra de faire le point sur votre vision de la parentalité et sur ce que l'éducation bienveillante pourra apporter de constructif à votre vie familiale.

L'éducation des enfants, selon vous...

- Ce sont les parents qui fixent les règles, les enfants obéissent…
- J'ai souvent l'impression que c'est mon enfant qui fixe les règles !
- Certaines règles se fixent en famille, chacun a le droit de s'exprimer.

Les règles de la maison...

- Ce sont à peu près les mêmes que celles de mon enfance.
- Chez nous, il n'y a pas beaucoup de règles.
- Il y a des règles, mais mes enfants sont beaucoup plus libres que je ne l'étais !

Quand votre enfant se met en colère à la maison...

- Je lui dis de se calmer tout de suite ou je l'ignore.
- Je lui parle, mais ça ne fonctionne pas souvent.
- Je me mets à son écoute, et souvent il se calme.

Lorsque votre enfant a un comportement inacceptable...

- Je le punis (en le privant ou en l'isolant).
- Je le gronde.
- Je le lui dis et j'essaie de comprendre son attitude.

Lorsque votre premier enfant a eu environ 18 mois...

- Les premières grosses disputes ont commencé.
- Il explorait tout et a fait quelques dégâts.
- Nous avons dû adapter la maison en enlevant les choses fragiles et/ou dangereuses de sa portée.

Ce qui vous stresse le plus au quotidien...

- Les imprévus dans mon organisation.
- Les conflits dans la famille.
- Les problèmes des autres.

Le proverbe qui vous correspond le mieux…

- Qui aime bien châtie bien.
- Après la pluie, le beau temps.
- Bienheureux les pauvres d'esprit.

Faites les comptes !

Vous avez une majorité de : *vous avez une vision classique de l'éducation.*

L'éducation que vous avez reçue vous semble la bonne. L'obéissance des enfants est pour vous une base fondamentale. Pour le leur faire comprendre, vous les punissez s'il le faut. Cependant, vous vous rendez compte que cela ne fonctionne pas toujours et que beaucoup de conflits naissent à la maison. Vous avez des valeurs que vous souhaitez transmettre et vous avez bien raison ! À l'aide de ce cahier, vous redonnerez un peu de place aux émotions et vous pourrez clarifier ce qui est non négociable pour vous. Vous gagnerez en souplesse en comprenant mieux le développement de vos enfants. Ces derniers n'en seront que plus autonomes et responsables. En vous mettant à l'écoute, vous vous enrichirez mutuellement. Vos relations familiales deviendront encore plus épanouissantes !

Vous avez une majorité de : *vous avez une vision cool de l'éducation.*

Pour vous, les enfants doivent profiter de leur insouciance et de leur liberté. Trop de contraintes tuent la créativité. Il y a donc très peu de règles à la maison, et vous vous sentez souvent débordé ! Cette démarche respectueuse vis-à-vis de votre enfant est tout à votre honneur. Grâce à ce cahier, vous pourrez poursuivre ce cheminement en comprenant mieux l'intérêt du cadre et des limites au sein de la famille, en prenant davantage soin de vous et en stimulant l'empathie chez vos enfants, pour une coopération efficace !

Vous avez une majorité de : *vous vous posez beaucoup de questions sur l'éducation.*

Depuis que vous êtes parent, vous vous investissez dans votre mission ! Vous vous documentez beaucoup et demandez conseil à votre entourage. Vous essayez plein de choses, mais vous ressentez de l'insatisfaction. Vous ne souhaitez pas être autoritaire, et l'enfant-roi vous insupporte. Bienvenue dans cette troisième voie qu'est l'éducation bienveillante, qui vous confortera dans votre raisonnement tout en vous outillant pour transmettre ce qui compte pour vous dans une ambiance plus constructive. Vous verrez qu'il est important de prendre soin de vous et que vous vous faites un merveilleux cadeau en grandissant en même temps que votre enfant.

Chapitre 1

Les bases de l'éducation

Petit historique de l'éducation positive

Le statut de l'enfant

Au cours des dernières décennies, l'enfant a (considérablement) changé de statut. Avant les années 1960, la première qualité attendue chez un petit est son obéissance. Objectif ? Intérioriser les règles de vie en société et rentrer dans le moule. Le collectif primait alors sur le bien-être de l'individu.

Aujourd'hui, cette philosophie s'est inversée et notre épanouissement personnel passe avant tout. Les parents que nous sommes ne se cantonnent plus à la simple obéissance comme principe éducatif. On se tourne désormais vers un environnement éducatif nouveau. Au programme : favoriser les apprentissages, la responsabilité et l'autonomie de l'enfant, le respect et le développement des qualités individuelles ainsi que du vivre ensemble. L'éducation à la dure ? Très peu pour nous et nos bambins !

Françoise Dolto (1908-1988) : la pionnière française des années 1960-1970

En France, la pédiatre et psychanalyste Françoise Dolto participe largement à faire considérer que « l'enfant est un sujet à part entière » et que l'environnement dans lequel il baigne depuis le début de sa vie (à commencer par le ventre de maman) est primordial. Cependant, la mentalité française, très imprégnée de psychanalyse freudienne, progresse bien plus lentement sur ce sujet que dans le monde anglo-saxon.

L'émergence du courant humaniste américain des années 1960

Dans les années 1960, naît aux États-Unis le courant de la **psychologie humaniste** sous l'impulsion de quelques pionniers, dont Abraham Maslow et Carl Rogers, à qui l'on doit l'idée de « développement personnel ». Fondée sur une **vision positive de l'être humain,** l'approche humaniste considère l'être humain comme riche de potentiels et de ressources. Il possède un élan naturel qui le pousse à s'accomplir dans toutes les dimensions de sa personnalité. Selon ces psychologues, liberté et responsabilité sont les principes fondamentaux qui doivent orienter notre vie.

Une autre relation aux enfants

La méthode Gordon (1918-2002) : le bond en avant

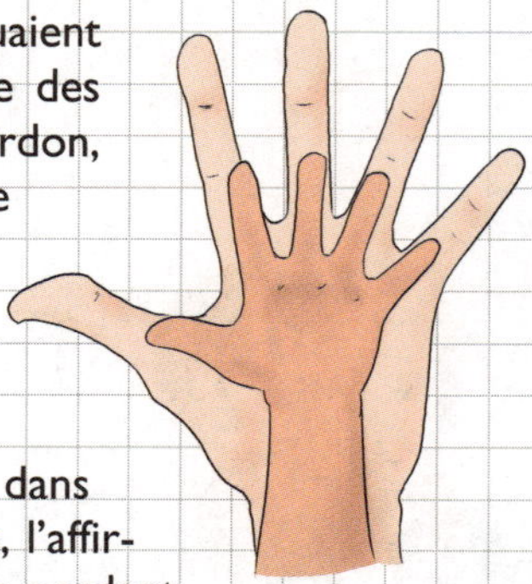

Bien que très inspirantes, ces théories humanistes ne s'appliquaient pas encore aux enfants, alors loin d'être considérés comme des personnes à part entière… Il faudra ainsi attendre Thomas Gordon, élève de Carl Rogers, pour voir la création d'un programme ultra-novateur pour l'époque : **des ateliers de bonne communication en famille !** Révolutionnaire, non ?

Son objectif : des relations gagnant-gagnant. Pour cela, il développe une méthode simple, appelée « méthode Gordon », fondée sur quelques grands principes : l'écoute active d'abord, dans une recherche de compréhension de l'autre et de ses besoins, l'affirmation de soi respectueuse et enfin la gestion de conflit sans perdant (voir p. 75).

La veine Faber (1928-) et Mazlish (1928-)

Toujours à la même époque (les années 1960) aux États-Unis, un autre psychologue, également enseignant, le Dr Haïm Ginott, donne des conférences sur la relation parent-enfant. Son credo ? Renoncer à l'autoritarisme comme pratique éducative et mettre en place des limites claires, respectueuses, dans un climat bienveillant.

Lors de ses conférences, deux femmes et mères de famille, Adele Faber et Elaine Mazlish, sont ravies de trouver ces ressources, qu'elles appliquent avec leurs propres enfants… et cela fonctionne ! Elles ont alors l'idée de rassembler tous ces outils sous forme d'ateliers de parents, puis de livres dont l'actualité reste de mise.

La non-violence éducative

Marshall Rosenberg (1934-2015), chef de file de la non-violence

La communication non violente, ça vous dit quelque chose ? Ce concept, né dans les années 1970, s'inspire de Gandhi et de Carl Rogers. Ses principes de respect et d'écoute des besoins de chacun sont fondamentaux dans l'éducation positive. L'efficacité de cette méthode pour communiquer sans violence, notamment en situation de conflit, a fait sa notoriété.

Olivier Maurel (1937-), la non-violence éducative contemporaine

Agrégé de lettres et auteur français, il est président de l'Observatoire de la violence éducative ordinaire (OVEO). Après une enfance heureuse, il vit les bombardements de la Seconde Guerre mondiale, et sa sœur est déportée. Il ne comprend pas comment les hommes peuvent faire preuve d'autant de cruauté les uns envers les autres. La question de la violence l'interroge fortement, et c'est à la lecture de l'ouvrage d'Alice Miller (*C'est pour ton bien*, chez Flammarion) qu'il est convaincu de l'impact de la violence éducative sur les individus et la culture entière. Il défend une éducation non violente et dénonce les conséquences des violences éducatives ordinaires (ww.oveo.org).

L'éducation positive en France

Isabelle Filliozat et Catherine Dumonteil-Kremer

Depuis le début des années 2000, cette parentalité dite « bienveillante » se développe considérablement en France, et ses deux principales figures de proue dans le pays sont Isabelle Filliozat et Catherine Dumonteil-Kremer.

Isabelle Filliozat développe une approche empathique de l'enfant. Elle contribue largement à la diffusion de l'éducation positive grâce à ses ouvrages à succès, ses interventions médiatiques et ses nombreuses conférences. Elle attache une très grande importance à la relation, mais aussi aux neurosciences et à l'alimentation saine.

Catherine Dumonteil-Kremer est initiatrice de la journée nationale de la non-violence éducative, qui a lieu chaque année le 30 avril. Elle est aussi l'auteure de nombreux ouvrages en soutien à un maternage de proximité, à l'allaitement, au portage et à l'écoute de l'enfant. Avec Olivier Maurel, elle est membre fondateur de l'OVEO.

La science au service de la relation parents-enfants

En France, **Catherine Gueguen,** pédiatre formée à l'haptonomie et à la communication non violente expose régulièrement les dernières découvertes des neurosciences concernant le développement de l'enfant, notamment des points de vue émotionnel et affectif. Aux États-Unis, c'est **Daniel Siegel,** diplômé de Harvard, considéré comme l'un des experts mondiaux du cerveau de l'enfant, et **Margot Sunderland,** directrice de formation et d'éducation d'un centre de psychiatrie infantile londonien, qui apportent leur pierre à cet édifice.

En publiant les avancées scientifiques sur le développement de l'enfant et sur les conséquences du mode éducatif, ils facilitent l'accès de ces méthodes bienveillantes aux plus sceptiques, notamment en France, où la validation par la science a toujours eu beaucoup de valeur.

Bien plus qu'un effet de mode, l'éducation positive est le fruit de l'évolution des mentalités et de la société tout autant que de la connaissance scientifique.

Trois bases pour une bonne communication

Il existe des principes de base dans toute relation entre humains. Avant même de parler d'éducation positive, il faut chercher à comprendre comment fonctionnent les mécanismes de communication élémentaires. Les principes énumérés ci-après sont issus de la programmation neurolinguistique (PNL), qui est un ensemble de conclusions tirées à partir de l'observation d'experts en communication. La PNL réunit différentes pratiques (reformulation, observation du langage utilisé…), qui ont pour objectif d'améliorer la communication entre les individus.

Principe n° 1 : on ne peut pas ne pas communiquer

Quoi que l'on fasse, nous communiquons toujours. Même notre silence dit quelque chose, par exemple « Je n'ai plus envie de te parler », « Cela ne sert à rien de discuter avec toi » ou encore « Je suis dans mes pensées »…
Contrairement à ce que l'on pense, l'information n'a pas toujours besoin de passer par des mots. Seule une infime partie de ce que nous communiquons vient du langage. La majeure partie provient de nos gestes et microgestes, notamment du visage, ainsi que de notre respiration, notre posture… Enfin, nous communiquons de façon importante avec notre voix, à travers son rythme, son timbre, son volume, sa mélodie et sa vitesse…

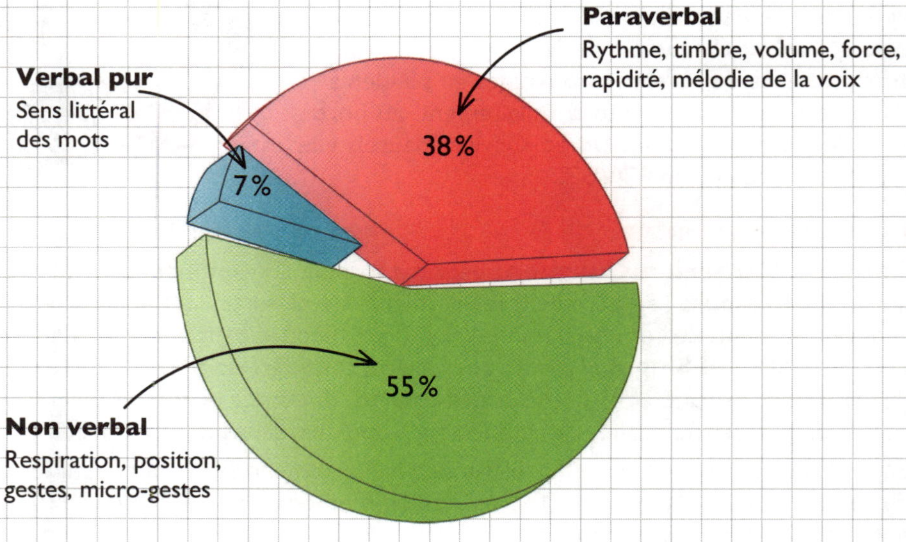

Voilà pourquoi l'apparition des émoticônes et autres smileys dans nos Smartphones a enrichi nos échanges écrits, car, sans autre information que les mots, on peut mal interpréter un message.

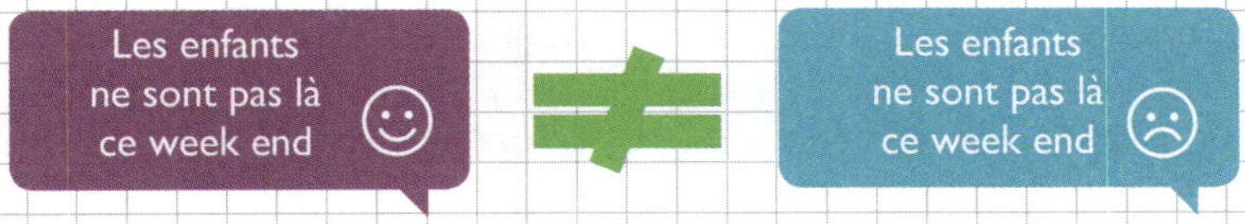

C'est aussi la raison pour laquelle nous sommes parfois perdus ou dérangés lorsque la personne qui nous parle envoie des signaux contradictoires : les mots semblent ne pas s'accorder avec le ton de sa voix et sa gestuelle. Si, par exemple, un enfant de 7 ans répond « Oui, oui… » à son parent en levant les yeux au ciel, l'adulte retiendra davantage son attitude que ses mots.

Plus un message est harmonieux, c'est-à-dire que le contenu des mots est aligné avec la voix, la posture physique et l'attitude globale d'une personne, plus il sera percutant et entendu. Cela peut expliquer pourquoi, parfois, nos messages ne passent pas !

Principe n° 2 : mon modèle du monde n'est pas le monde

Nous avons tous tendance à être centrés sur nous-mêmes et à ne percevoir la vie et ses événements qu'à travers nos propres yeux. Pas facile d'accéder au point de vue des autres !

Notre façon de voir le monde est conditionnée par de multiples facteurs : la culture, l'éducation, les valeurs, les croyances, l'humeur, la sélection naturelle des informations… Ces facteurs agissent comme des filtres. Si l'on souhaite communiquer efficacement, il est indispensable de s'ouvrir à la vision du monde de l'autre. C'est grâce à l'écoute active et à la qualité d'attention que nous porterons que nous pourrons nous ouvrir à la perception des autres.

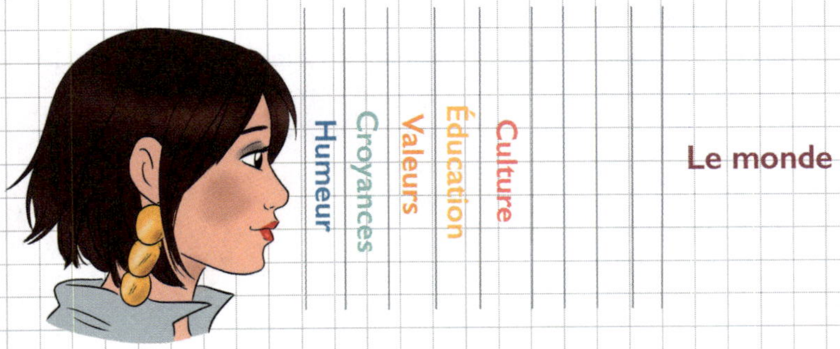

Principe n° 3 : tout comportement a une intention positive

C'est parfois difficile à croire, et pourtant… quels que soient nos comportements, nous avons toujours une bonne raison de faire ce que nous faisons. Par exemple, lorsqu'en période de régime vous grignotez du chocolat, vous savez que ce n'est pas recommandé. Cependant, à ce moment-là, vous faire du bien (l'intention positive) est plus important que rentrer dans votre jean ! Nos comportements sont conditionnés vers ce qu'il y a de mieux (ou de « moins pire ») pour nous…

Exemple avec mon enfant : il traîne le matin alors que nous sommes pressés.

Il est important pour moi, particulièrement aujourd'hui, d'être à l'heure, mais aussi d'avoir des échanges respectueux avec mon enfant. Je lui ai déjà répété trois fois de s'habiller, mais, pris dans son jeu, il n'arrive pas à décrocher. Je vois les minutes défiler et ma colère monte. Je perds alors patience et lui crie dessus pour qu'il se dépêche.

Mon intention positive : alors que crier va à l'encontre de mes principes, je ne trouve pas d'autre moyen à ce moment-là pour être entendu. Pour arriver à l'heure, mon enfant doit m'entendre et s'activer (l'intention positive), c'est alors plus important que mes principes éducatifs. Si la forme est maladroite, l'intention est compréhensible.

L'intention positive de l'enfant : il n'agit pas contre moi pour me faire enrager, mais pour satisfaire son propre besoin de jouer, ce qui est très sérieux pour lui.

L'intention est donc toujours positive, d'une certaine façon du moins. Son comportement, qui peut être agaçant, est à dissocier de son besoin du moment.

Ce concept nous conduit inévitablement à un autre aspect tout aussi fondamental : il est indispensable de **distinguer toute personne de ses comportements.**

En nous rappelant qu'une personne agit pour une bonne raison, de son point de vue, nous pouvons prendre du recul et nous demander ce qui la motive. Cela ne rend pas le comportement forcément plus acceptable, mais peut donner un point de départ pour revenir à des échanges plus constructifs. Cela nous invitera à **nous ouvrir à l'écoute de nos enfants pour découvrir le besoin caché derrière leurs comportements.**

Un besoin non comblé va générer un comportement visant à le satisfaire… Attention, cela ne signifie pas que, parce que nous avons « des raisons », nous avons raison !

Que disent les neurosciences ?

Merveille de la science, l'imagerie par résonance magnétique fonctionnelle (IRMf) a permis, depuis les années 1990, d'observer le cerveau en action… Elle nous permet notamment de mieux comprendre les comportements de nos petits.

Quiz : savez-vous de quoi les enfants sont capables en fonction de leur âge ?

Il est parfois difficile de réaliser ce dont est capable un enfant, tout autant que d'interpréter certains de ses comportements à tel âge. Avec ce petit quiz, faites le point sur votre connaissance du développement de l'enfant et de ses capacités.

1. Un bébé peut chercher à manipuler les adultes par ses pleurs. ❑ VRAI ❑ FAUX
2. Un enfant de 4 ans, même s'il est fatigué, peut réprimer une colère. ❑ VRAI ❑ FAUX
3. Un enfant de 3 ans peut mentir volontairement. ❑ VRAI ❑ FAUX
4. On dit que 7 ans est l'âge de raison ; à partir de cet âge, un enfant devrait donc savoir gérer ses émotions. ❑ VRAI ❑ FAUX
5. Lorsqu'on donne un ordre à un enfant, son cerveau déclenche automatiquement une mécanique de stress. ❑ VRAI ❑ FAUX
6. Chez l'enfant de 1 à 3 ans, le stress est le premier ennemi du cerveau. ❑ VRAI ❑ FAUX

Réponses

1. **Faux !** Pour manipuler quelqu'un, il faut pouvoir réfléchir consciemment, ce que ne peut en aucun cas faire un bébé.
2. **Faux !** À cet âge, il est très difficile de réprimer une grosse colère, car les circuits neuronaux d'inhibition ne sont pas encore suffisamment développés. Si l'enfant est fatigué, il sera donc incapable de réprimer sa colère.
3. **Faux !** Entre 3 et 6 ans, l'enfant apprend progressivement à faire la différence entre imaginaire et réalité.
4. **Faux... et un peu vrai à la fois !** Les capacités cognitives de l'enfant lui permettent désormais de mieux catégoriser et classifier les choses, son langage, plus développé, lui offre la possibilité de mieux s'exprimer. Il le fait d'ailleurs moins à tort et à travers, et il fait aussi preuve de davantage de flexibilité. Sa notion de réflexion « morale » se développe. Il est aussi capable de plus d'attention et il contrôle mieux ses gestes. Cependant, le cerveau émotionnel poursuit sa maturité entre 2 et 30 ans, des débordements sont donc encore à prévoir et à accompagner.

5 **Vrai !** Un ordre stimule l'amygdale, au cœur du cerveau, et crée un état défensif. Le stress est une réaction biologique du corps en vue de l'adaptation à la situation. Dès que le cerveau perçoit une menace, ou ce qu'il interprète comme tel, un mode « fuite ou combat » est activé. Initialement, cette adaptation visait la survie de l'espèce humaine face à des dangers absolus en mobilisant beaucoup d'énergie permettant de fuir ou de combattre. (voir p. 64).

6 **Vrai !** Dans un cerveau aussi immature et en plein développement, le stress est redoutable. Certaines structures du cerveau, comme l'amygdale (en lien avec la peur) ou l'hippocampe (les apprentissages, la mémoire), sont particulièrement vulnérables au stress. La vie d'aujourd'hui est stressante, mais cris, menaces, chantages et punitions activent systématiquement le stress dans un jeune organisme. Est-ce vraiment ce que nous voulons pour nos enfants ?

Comment fonctionne le cerveau ?

Nous ne sommes pas (tous) des scientifiques chevronnés, prêts à décoder le développement neurologique de nos bambins. Cette méconnaissance (tout à fait normale, rassurez-vous !) génère des attentes irréalistes et une mauvaise lecture de leurs comportements… Résultat : les disputes font leur apparition ! En effet, si nous ne recevons pas de réponse immédiate de notre enfant lorsqu'on lui demande quelque chose, nous vivons un sentiment d'incompréhension et de frustration…

Pour mieux interagir en famille et comprendre les réactions de nos petits, les scientifiques ont observé (grâce aux techniques de l'IRMf) l'activité de leurs aires cérébrales, en temps quasi réel. Bien que cela reste encore très mystérieux, des progrès immenses ont été réalisés ces dernières années, notamment dans les neurosciences affectives.

L'être humain est un être profondément social, qui, pendant son enfance, est fortement dépendant des adultes qui l'entourent. Son cerveau est très malléable.

Mieux comprendre les capacités d'un enfant en fonction de son âge, c'est se donner la possibilité de le décoder plus rapidement et de formuler des réponses adaptées à ses besoins.

Les trois cerveaux

La répartition « tripartite » du cerveau présentée ci-dessous est une image un peu simpliste. Actuellement, les neuroscientifiques s'accordent à dire que le fonctionnement du cerveau est très complexe et que de nombreux réseaux travaillent de concert. Cette version simplifiée aide surtout à comprendre que, lorsqu'on est aux prises avec une émotion intense, il devient difficile de réfléchir, on réagit de façon instinctive, impulsive.

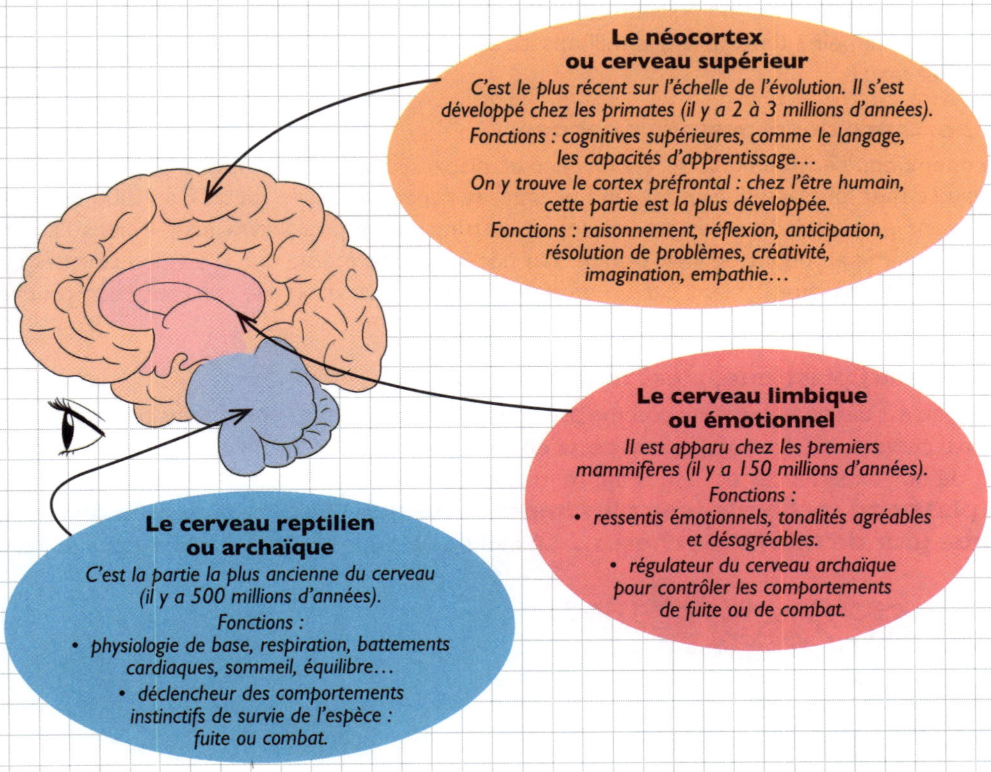

Le développement du cerveau

Le cerveau : véritable réseau de communication

Notre cerveau est un maillage constitué de neurones pouvant se connecter *via* les réseaux synaptiques à d'autres neurones. Ce sont nos expériences et chacun de nos apprentissages qui viennent renforcer ou affaiblir ce réseau. Comme des routes, elles vont permettre aux différentes aires du cerveau de communiquer entre elles.

Le cerveau du nourrisson

Le cerveau de l'enfant est une véritable jungle tant il y a de connexions ! Dans celui de l'adulte, en revanche, il existe de nombreuses « autoroutes », c'est-à-dire des « chemins neuronaux » si souvent empruntés qu'ils en deviennent presque automatiques (comme des réflexes que l'on effectue sans y penser, par exemple le fait de prendre un crayon pour écrire, nouer ses lacets ou faire une addition simple).

Des connexions à gogo

À la naissance, le nouveau-né possède 200 milliards de neurones, mais très peu de connexions entre eux. En à peine deux ans, des millions de connexions se font entre les différentes zones de son cerveau !

L'importance des 5 premières années...

Les connexions se modifient, se renforcent et disparaissent. Même si une grande partie du cerveau se met en place durant les cinq premières années de la vie (de 700 à 1 000 nouvelles connexions par seconde à cette période), la maturation se poursuivra jusque dans l'adolescence, et même au début de l'âge adulte. On notera quand même que c'est pendant ces cinq premières années que l'enfant est un véritable explorateur de la vie : il veut tout toucher, goûter, essayer, mais aussi grimper, découvrir…

Le (cerveau) plastique, c'est fantastique !

Le cerveau est décrit aujourd'hui comme plastique. Cela signifie que le processus de construction de notre cerveau est dynamique, sans cesse en changement sous l'influence de notre environnement, de nos expériences et de nos apprentissages. Comme vous vous en doutez, un enfant **a une plasticité cérébrale bien plus importante que la nôtre puisqu'il découvre chaque jour de nouvelles choses...** Le monde est pour lui un véritable terrain de jeu !

Les deux premières années, des millions de connexions se créent ; le cerveau est comme une jungle.

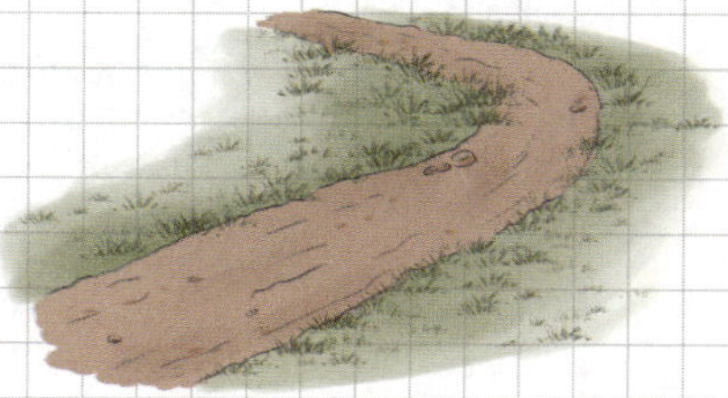

Les apprentissages, les répétitions permettent de commencer à privilégier certains « chemins » neuronaux.

Avec les acquisitions, de « grands chemins neuronaux » se constituent et facilitent la rapidité d'exécution de la tâche.

Le cerveau se construit par la fréquence, non par la qualité

« Grandir », pour le cerveau, signifie « se spécialiser ». La grande plasticité de ce dernier dans l'enfance permet d'incessants remodelages des circuits en fonction des expériences et de leur fréquence.

L'émotion avant tout

La spécialisation se fera à travers différents apprentissages, avec son lot d'essais, d'erreurs, de nouveaux essais… Contrairement aux idées reçues, les apprentissages de base d'un enfant ne sont pas uniquement ceux auxquels nous pensons de prime abord, comme marcher, parler, écrire, lire ou compter. **Les expériences sociales, émotionnelles et relationnelles qu'il va faire au cours de sa vie** comptent tout autant !

L'impact de votre éducation…

Le cerveau se spécialise dans ce à quoi il est régulièrement confronté. Le tri des connexions se fait par la fréquence des expériences vécues, non par la qualité. Cela doit donc nous faire réfléchir à la « nourriture » quotidienne que nous donnons au cerveau de nos petits : à quelle fréquence crions-nous sur eux, nous arrive-t-il de leur donner des fessées, des gifles ? Combien de temps passent-ils devant les écrans ? Font-ils de l'activité physique régulièrement ? Tous ces critères comptent. Rassurez-vous, nous ne parlons pas d'actes isolés ou ponctuels, comme cela peut parfois arriver à tout parent épuisé, mais bien d'un fonctionnement éducatif répété.

En revanche, avec ces nouvelles connaissances, il est utile de s'interroger sur nos choix éducatifs, car ils ont un impact considérable sur la qualité de vie de nos enfants et sur leur bon développement cérébral.

Les enfants ne sont pas des adultes en miniature

Pour avoir des attentes plus réalistes concernant les comportements de nos enfants, voici un petit tableau qui peut nous renseigner sur ce qu'ils peuvent faire en fonction de leur âge. Ce sont des généralités, qui ne s'appliqueront pas forcément à votre enfant en particulier. Néanmoins, il est intéressant de remarquer à quel point un enfant de 5 ans ressemble… à un autre enfant de 5 ans !

Tranches d'âge	Comportements	Explications	Pistes de changement
0-2 ans			
18 mois-2 ans	Il hurle à la moindre frustration.	La partie de son cerveau qui maîtrise ses impulsions n'est pas encore mature.	Pratiquez l'écoute active (voir p. 31) : formuler ce qui vient de se passer pour l'aider à comprendre et à se sentir reconnu… et soyez patient !
	Il me regarde dans les yeux tout en faisant exactement ce que je viens de lui interdire.	L'enfant ne dispose pas du tout du langage ou que très peu. C'est avec son corps qu'il demande la validation de la consigne : « C'est ça que tu ne veux pas que je fasse ? »	Confirmez-lui qu'il a bien compris la consigne et proposez-lui une autre activité.
	Il n'écoute pas quand je lui demande d'arrêter un comportement.	Le cerveau ne comprend pas la négation.	Formulez vos demandes de façon affirmative et aidez votre enfant à se diriger vers le comportement souhaité.
2-4 ans			
2-6 ans	Il ne sait pas se tenir tranquille (au restaurant, à la caisse du supermarché…).	Les capacités neuronales de l'enfant ne lui permettent pas de rester calmement assis, or un cerveau qui s'ennuie trouvera une occupation.	Cherchez à occuper votre enfant autrement, plutôt que de lui demander de rester calme.
2 ans	Quand il s'amuse à un endroit (parc de jeu, chez des amis), impossible d'en partir sans drame.	Il est encore très difficile à ce jeune cerveau d'anticiper. Les notions de temps et de durée sont encore très floues.	Installez des routines pour faciliter les moments de transitions de la vie courante.
3 ans	Bien qu'il connaisse les règles, il ne les respecte pas.	La partie du cerveau qui reformule la règle est encore mal connectée à la partie du cerveau qui permet d'empêcher le geste.	Être parent, c'est répéter souvent… L'enfant a encore besoin que le cadre lui soit rappelé. On peut aussi réfléchir à une alternative qui l'aiderait à se tenir (un jeu, un signal conclu à l'avance…).
3-4 ans	Il a de nouvelles peurs et il imagine des choses terrifiantes, il fait des cauchemars.	La construction mentale et l'imaginaire se développent. L'enfant est encore dans la confusion : ce qui existe dans son imaginaire existe pour de vrai.	Les actes symboliques sont intéressants, comme le dessin, les poupées à soucis, le piège à monstre. Se mettre à l'écoute pour décharger l'intensité émotionnelle de l'enfant.

4-6 ans			
4 ans	Il ment en disant que ce n'est pas lui qui a fait telle ou telle chose.	L'enfant ne fait pas encore le lien entre ses actes et leurs conséquences.	Aidez-le progressivement à faire le lien entre ses actions et les conséquences qui en découlent. Par exemple : « Tu as pris le feutre dans ta main et celui-ci laisse des traces sur le mur. »
4 ans	Il parle sans filtre : « Elle est grosse, la dame », « Le monsieur sent mauvais »…	À cet âge, les pensées se font à voix haute, l'enfant ne peut pas encore penser en silence dans sa tête.	L'adulte qui est souvent mal à l'aise gronde l'enfant. Il n'y a pas grand-chose à faire cependant, si ce n'est expliquer à son enfant les raisons de son embarras… à distance de sa « victime ».
5 ans	Alors qu'il/elle sait parfaitement le faire, elle/il met très longtemps à s'habiller.	À cause de son immaturité cérébrale, il se laisse encore distraire très facilement.	Encouragez-le à chacune des étapes et, pourquoi pas, nommez chacun de ses vêtements pour l'aider à se concentrer.
6-8 ans			
6-7 ans	Il raconte avec aplomb des histoires hallucinantes.	Il commence à utiliser le potentiel imaginatif de son cerveau, mais il distingue encore difficilement la réalité des histoires qu'il se raconte dans sa tête.	Écoutez son histoire et n'hésitez pas à lui faire un petit clin d'œil pour lui montrer que vous n'êtes pas dupe. Vous pourrez revenir dessus plus tard pour l'aider à faire la part des choses.
7-8 ans	Il est encore bien maladroit.	Le corps de l'enfant grandit et se modifie rapidement ; pas facile pour lui de s'adapter sans cesse.	Se poser la question : si un ami faisait la même maladresse, quel discours est-ce que je lui tiendrais ?
8 ans	Il fait tout ce qui est interdit.	L'interdit incite à la transgression et, bien que la maturation de leur cerveau leur permette maintenant de réfléchir, les enfants ne peuvent résister à l'envie d'aller là où se porte leur attention (et leurs envies !).	Établissez des règles plutôt que des interdits.

Les sept clés de l'éducation positive

Clé n° 1 : être parent, ça s'apprend !

Ouvrez vos oreilles... et votre cœur

« Il faut tout un village pour élever un enfant », dit avec justesse un proverbe africain.

Il est révolu le temps où l'ensemble de la famille (et de la société) participait à l'éducation des enfants ! Ce n'est que depuis très récemment dans l'histoire de l'humanité que les parents sont « seuls » à élever leurs enfants. La nouvelle structure des familles (monoparentales, recomposées…), l'éloignement géographique et le rythme stressant de nos vies nous isolent beaucoup… et nous laissent parfois désemparés face à nos petits bouts !

Dans le même temps, la science vient confirmer que le parent aurait avantage à mieux accueillir les émotions de son enfant plutôt que d'être uniquement celui qui pose les limites. C'est la raison pour laquelle les méthodes d'hier, c'est-à-dire celles avec lesquelles nous avons nous-mêmes été éduqués, ne conviennent plus. L'enfant, désormais considéré comme un individu à part entière, doit être traité avec respect. Pour autant, cela n'en fait pas un mini-adulte et ne supprime pas les spécificités de chacun…

Votre enfant est unique

Pas facile de faire le tri entre toutes les méthodes éducatives, n'est-ce pas ? Puisque nous n'avons pas fait l'expérience de l'éducation positive quand nous étions nous-mêmes enfants, se lancer dans une nouvelle philosophie de vie peut soulever quelques questions… et des appréhensions !

Dire que « la parentalité s'apprend » ne signifie pas qu'il n'existe qu'une seule bonne façon d'élever un enfant. Chaque enfant, chaque parent, chaque relation est unique. En cela, on ne peut espérer utiliser une méthode qui « marcherait à tous les coups ». Toutefois, mieux comprendre comment se développe un enfant, comment fonctionnent les relations humaines, acquérir des outils pour communiquer plus efficacement tout en apprenant à prendre soin de soi, oui, cela s'apprend !

Par exemple, un petit de 18 mois qui fait exactement l'inverse de ce que vous venez de lui demander ne vous prend pas pour un idiot. Il ne dispose pas de mots pour vous le dire, mais il vous demande avec son corps : « C'est ça qu'il ne faut pas faire ? » On appelle cela l'intelligence sensori-motrice. Comprenant ce phénomène, vous ne vous sentirez plus mis au défi lorsque votre enfant s'exprimera de cette façon… Ainsi, le changement de regard mène au changement de comportement.

Les ateliers pour les parents

Ces démarches de groupe sont très prisées outre-Atlantique, et se développent en France. Ce sont de belles formules pour se sentir soutenus par un groupe, en disposant d'un espace de parole respectueux et bienveillant, où le rire est présent… même si on y pleure aussi parfois !

Pour trouver un atelier près de chez vous, reportez-vous au carnet d'adresses, p. 93.

Clé n° 2 : à l'écoute des émotions

Savoir écouter un incroyable talent

L'intelligence émotionnelle se définit comme la capacité d'un individu à percevoir, à identifier et à exprimer avec justesse ses émotions tout en étant capable de comprendre celles des autres. Ceux qui font preuve de ce type d'intelligence contribuent largement à pacifier leurs relations. Bonne nouvelle, ce talent s'apprend !

Se mettre à sa hauteur d'enfant

Accompagner le développement de l'intelligence émotionnelle de son petit, c'est d'abord se mettre à son **écoute** et l'autoriser à exprimer pleinement son émotion. S'il ne se sent pas jugé par vous, il livrera sans filtre ce qu'il ressent au fond de lui. Par exemple, en prenant le temps de dire chaleureusement à un enfant frustré de devoir éteindre la télévision : « Ce n'est pas facile d'arrêter la télévision, je comprends que ce soit amusant de regarder ces images… » Cela permet de garder le lien avec lui, et représente une porte ouverte au dialogue et à l'expression de ses sentiments.

Clé n° 3 : l'amour est un carburant

De l'amour… rien que de l'amour !

Les enfants ont régulièrement besoin de remplir leur « réservoir d'amour » pour reprendre les termes d'Isabelle Filliozat. Certaines crises, de rage ou de pleurs, sont le signe d'un manque de contact. Comme le dit Aletha Solter, psychologue du développement, « c'est lorsqu'ils semblent les mériter le moins que nos enfants ont le plus besoin d'amour et d'attention ».

Câlins, paroles douces et autres bisous ne doivent pas être là uniquement pour « récompenser » les bons comportements de votre petit. Ils sont davantage des moteurs, qui lui permettent de se sentir plus détendu et de développer un fort sentiment de sécurité.

Focus sur une hormone extraordinaire

Connaissez-vous l'hormone de l'attachement ? L'ocytocine est sécrétée chez la femme lors de l'accouchement et de l'allaitement, mais aussi au bout de quelques secondes d'un tendre câlin ! Cette hormone magique permet de diminuer la production de cortisol, l'hormone du stress… Même si ce n'est pas toujours évident, car tout le monde n'est pas tactile, prendre dans les bras ceux qu'on aime quelques minutes chaque jour renforce les liens et remplit le réservoir d'amour de tous !

Clé n° 4 : ne pas tout accepter

Lui offrir un cadre stable

Se mettre à l'écoute de l'enfant et lui offrir de la tendresse ne signifient en aucun cas le laisser faire ce qu'il veut quand il le souhaite ! Les parents doivent pouvoir fournir un cadre à leurs petits afin de les aider à avoir un comportement acceptable en société. Bien entendu, nous n'avons pas tous le même seuil ni les mêmes critères de tolérance face aux comportements de nos enfants. Ce qui sera acceptable au sein d'une famille (comme manger sur le canapé du salon) sera inimaginable dans une autre.

Une main ferme et tendre, dans un gant de velours

En dehors du fait que les enfants se comportent la plupart du temps comme des enfants et que cela est bien normal, notre mission parentale n'en demeure pas moins très importante pour les aider à vivre en société, pour leur transmettre nos valeurs. Le recadrage bienveillant mais ferme de certains comportements inappropriés contribuera à donner du sens aux règles plutôt que d'imposer aux enfants une obéissance aveugle.

Exit l'autoritarisme !

Bien sûr, la plupart des parents ne souhaitent pas que leur enfant obtempère par peur de la punition ou des coups. Ils souhaitent qu'il obéisse parce qu'il a compris le sens de la règle, et qu'il sait se montrer respectueux des besoins des autres. Pourtant, sans qu'ils s'en rendent compte, une éducation trop autoritaire apprend surtout aux enfants les rapports de soumission et de domination… lesquels, en plus de déclencher du stress chez l'enfant, ne correspondent généralement pas du tout à l'objectif éducatif des parents. Fermeté, oui, mais dans le respect et l'écoute des besoins de son petit !

Clé n° 5 : une autorité d'influence

Respect… et confiance

L'éducation positive invite à exercer une autorité d'influence, basée sur le respect et la confiance dans les capacités de l'enfant plutôt qu'une autorité de pouvoir fondée sur la peur.

Par exemple, mon enfant effectue seul depuis peu les trajets entre la maison et l'école. Ce soir, il est rentré tard, car il a joué au ballon avec ses copains. Résultat : je me suis beaucoup inquiété. Comment réagir ? Plutôt que de le sermonner et de le punir (pouvoir autoritaire), je peux lui exprimer mon inquiétude de ne pas le savoir à l'heure à la maison (pouvoir d'influence : je lui fais comprendre, en essayant de le mettre à ma place, mon besoin de le savoir en sécurité).

L'attention aux besoins de chacun ouvre à des relations gagnant-gagnant, plus constructives.

Une vision éducative à long teme

L'éducation positive cherche à poser clairement des limites aux enfants, à soutenir et à valoriser les comportements acceptables et à gérer les conflits avec respect. Cette vision éducative mise sur le long terme : vous allez aider votre enfant à devenir un adulte respectueux des règles de vie et lui permettre de développer suffisamment d'empathie pour construire des relations solides et équilibrées avec ses proches.

À l'inverse, lorsque l'autorité est basée sur la peur, ce que les adultes apprennent aux enfants (sans même s'en rendre compte), c'est à devenir des adolescents puis des adultes utilisant eux aussi la peur pour faire pression sur les autres et obtenir ce qu'ils veulent, ou cherchant à fuir les conflits et les discussions importantes.

De plus, un jour, l'adulte ne fera plus peur au jeune devenu adolescent ; comment continuer alors à être influent dans sa vie en ayant perdu ce recours habituel ?

Clé n° 6 : bye-bye les punitions... et les récompenses !

Coo-pé-rez !

L'autorité d'influence prônée par l'éducation positive n'utilise donc pas (ou que très peu) le pouvoir. Cela exclut les punitions, les mots et les gestes violents envers l'enfant. La coopération avec votre bambin est désormais obtenue *via* des mesures bien plus saines pour la relation.

En effet, ayant l'habitude d'être lui-même écouté, l'enfant parvient à développer plus facilement sa propre écoute et, en cas de conflit, l'adulte parlera de ce qu'il perçoit et de ses ressentis plutôt que de critiquer le comportement de l'enfant (voir p. 81).

Ne le récompensez pas (trop)

En plus d'être respectueuse, cette approche éducative propose des relations plus équitables et constructives. Bien que cela puisse surprendre, il en va de même pour les récompenses ! Lorsque l'enfant fait une bonne action dans l'espoir d'obtenir quelque chose en retour, la motivation à agir se situe à l'extérieur de lui-même. Par exemple, si la télé est une récompense quand l'enfant a fini ses devoirs, il pourra continuer à fournir des efforts tant qu'il est récompensé. Malheureusement, à partir du moment où la récompense disparaît, l'enfant se démotive… Gare au jour où il ne pourra pas regarder la télévision !

Les récompenses peuvent fonctionner sur le court (voire très court) terme, mais notre vision doit, en matière d'éducation, aller plus loin.

Tout cela ne doit pas vous empêcher d'offrir ponctuellement un petit cadeau à votre enfant pour lui faire plaisir, mais l'objectif est de créer chez lui une motivation interne au lieu de le stimuler à l'aide d'une récompense extérieure.

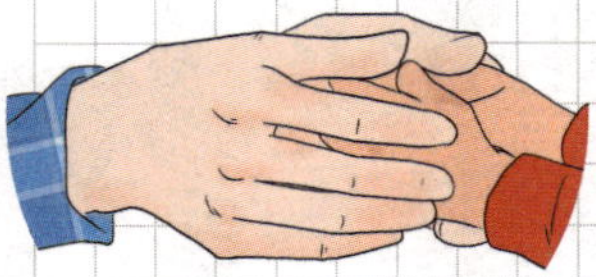

Clé n° 7 : une approche non violente

Fessées, gifles, humiliations, punitions et autres rapports de pouvoir violents dans le cadre éducatif sont encore trop souvent banalisés. Ces actes portent un nom : il s'agit des violences éducatives ordinaires.

Olivier Maurel, pionnier dans la dénonciation des violences ordinaires, les définit ainsi dans le magazine *Kaizen* : « La violence éducative ordinaire désigne tous les comportements qui se veulent éducatifs, mais qui sont des formes de violence physique, verbale ou psychologique tolérées ou préconisées dans une société donnée […]. La maltraitance, elle, inclut les mauvais traitements sans visée éducative […]. » Les conséquences de ces violences ordinaires s'observent sur la santé physique et mentale de nos petits. Ces comportements agressifs qui instaurent des rapports de force ou de soumission sont néfastes pour tout le monde.

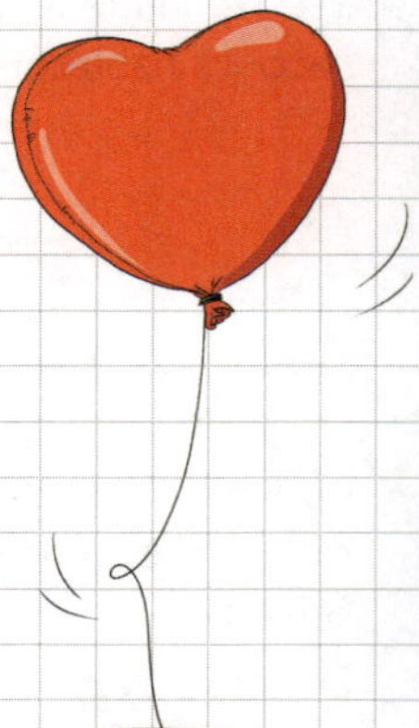

Les bénéfices de l'éducation positive

Ce type d'éducation n'est en aucun cas l'assurance d'une vie de famille paisible et sans conflit, avec des enfants sages comme des images et ultra-obéissants… Cependant, il comporte des avantages et des bénéfices pour tout le monde !

Pour l'enfant

Le développement de l'intelligence émotionnelle de l'enfant lui permet de mieux vivre en société et de se sentir plus à l'aise avec lui-même. Il favorise également l'accès aux différents apprentissages, notamment scolaires, car il a été démontré que nous apprenons bien lorsque nous nous sentons bien ! Entouré d'écoute et d'empathie dans sa famille, l'enfant saura lui-même en faire preuve avec ses petits copains.

L'éducation positive valorise la coopération plutôt que la compétition, ce qui permet de responsabiliser l'enfant et lui donne plus d'autonomie.

Pour le parent

Les parents qui souhaitent se mettre à l'écoute des émotions de leur enfant et s'affirment respectueusement verront également croître leur propre intelligence émotionnelle.

Quelle chance… Nos petits sont nos guides et nous font travailler sur notre rapport au monde !

Le partage d'émotions authentiques renforce l'amour entre les membres d'une tribu ainsi que la confiance. La famille redevient ce lieu « ressource » où l'on peut avoir des relations constructives, exprimer ses émotions et voir ses besoins reconnus par les autres. La communication entre tous est facilitée au quotidien ! Gagnant-gagnant, vous avez dit ?

Les bénéfices pour la relation

Qui ne souhaite pas avoir des relations apaisées avec ses petits ? Avec l'approche de l'éducation positive, le foyer devient davantage un lieu de paix, de confiance.

Bien évidemment, se mettre à l'écoute des enfants n'est pas de tout repos ! Un enfant qui a pris l'habitude d'être écouté chez lui ne va pas se priver de s'exprimer, parfois à grand bruit… Cependant, l'éducation doit s'inscrire dans une vision à long terme. Si l'on demeure dans des relations de pouvoir avec ses enfants, il y a un risque : avec les années, les moyens de pression par la privation ou la punition auront de moins en moins d'effet sur l'enfant, et la relation risque malheureusement d'en pâtir. Autant commencer tôt pour créer une bonne dynamique !

Stop aux idées reçues : l'enfant tyran

« Nos jeunes aiment le luxe, ont de mauvaises manières, se moquent de l'autorité et n'ont aucun respect pour l'âge. À notre époque, les enfants sont des tyrans », Socrate (Ve siècle avant J.-C.).

→ Dans l'éducation autoritaire, l'enfant est le perdant. Dans l'éducation laxiste, l'adulte est le perdant (et l'enfant aussi, sûrement…). Il existe une troisième voie : l'éducation positive.

Chapitre 2

Les émotions : de quoi parle-t-on ?

Mieux comprendre les émotions

La plupart d'entre nous n'avons pas véritablement reçu d'éducation émotionnelle de la part de nos parents… Conséquence : nous sommes parfois un peu perdus face à nos propres émotions et avons du mal à leur trouver du sens. Pourtant, quand on essaie de les comprendre, on reprend une part de pouvoir sur notre vie, et on se place dans une dynamique constructive.

Il faut savoir qu'une émotion est un phénomène complexe, qui en réagissant à un déclencheur, laisse apparaître 3 réponses majeures essentielles : physiologique (réaction corporelle), comportementale (sous la forme d'une action, fuite, combat…) et cognitive (pensées)…

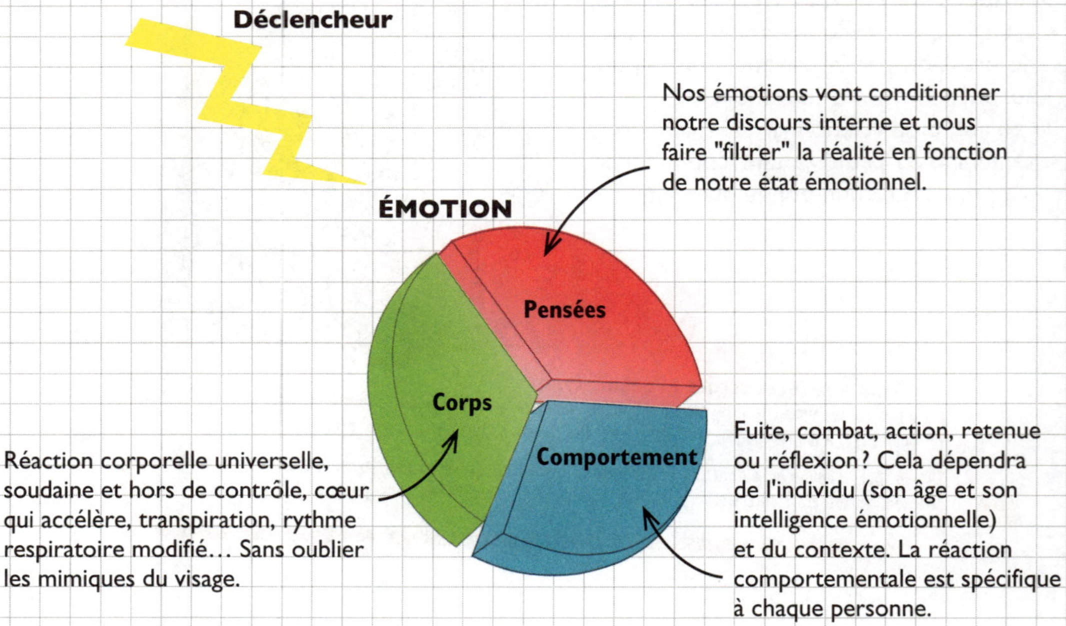

Pourquoi écouter ses émotions ?

Certains considèrent, aujourd'hui encore, qu'écouter ses émotions est une perte de temps. Et pourtant ! Certaines émotions sont désagréables, mais elles sont utiles. Elles sont nos premiers guides, comme le voyant rouge qui s'allume sur le tableau de bord de la voiture. Feriez-vous 300 kilomètres sans vérifier ce que ce voyant indique ? Non, vous trouveriez cela bien trop dangereux. Une émotion, c'est un signal d'alerte sur notre tableau de bord interne. Prendre en compte cette information précieuse nous permet d'agir en adéquation avec nous-mêmes. C'est nous donner la permission d'être des personnes à part entière, avec des réactions qui nous sont propres en fonction de nos valeurs et de notre histoire.
Si nous n'avons pas d'autre choix que de subir nos émotions, nous pouvons malgré tout agir sur les comportements qui en découlent. Pour s'adapter avec plus de justesse aux situations de la vie, il est indispensable d'accepter nos émotions et d'en comprendre le sens profond. Ce travail portera ses fruits à coup sûr !

Focus sur les quatre grandes émotions

Pour accompagner au mieux son petit, il est indispensable d'être soi-même au clair avec les émotions que l'on traverse : dans quel type de situations apparaissent-elles ? Quelles sensations corporelles provoquent-elles ? Comment les reconnaît-on chez quelqu'un d'autre ? Sur quels besoins ou prises de conscience nous alertent-elles ?
Ce tableau n'est qu'indicatif dans la mesure où, pour chacune de ces émotions, il existe différents degrés d'intensité ainsi que des centaines de combinaisons et de nuances. Malgré tout, il nous donne un bon aperçu du panel d'émotions que chaque être humain traverse ou traversera au cours de sa vie.

JOIE	**Réussite Rencontre**	Le cœur bat fort, mais la fréquence cardiaque ralentit. La respiration est ample. Chaleur dans la poitrine.	Sourires, rires, dans le mouvement. Le menton se lève, les épaules s'ouvrent.	→ Besoins satisfaits. → Fierté, dépassement de soi. → Besoin de partage.
COLÈRE	**Frustration Injustice Blessure Agression**	Forte accélération cardiaque. Importante augmentation de la température de la peau. Sensation de chaleur, le sang afflue dans les mains. Tensions dans la mâchoire. Expirations plus longues que les inspirations.	La mâchoire avance, le regard est noir, les sourcils froncés, la voix plus forte, les joues rougissent, les poings sont serrés.	→ Besoin de s'affirmer. → Défense des droits. → Maintien des limites : physiques, psychologiques ou sociales. → Alerte sur nos besoins insatisfaits.
TRISTESSE	**Perte Séparation Déception**	Accélération cardiaque moindre que dans la colère. Respiration saccadée. Très faible augmentation de la température de la peau. Baisse du tonus. Serrement au niveau de la poitrine. Crispation des membres.	Épaules voûtées, larmes, peu d'énergie.	→ Besoin de retrait, d'un temps de cicatrisation, de reconstruction. → Nécessité de créer un renouveau dans un second temps.
PEUR	**Danger L'inconnu**	Accélération cardiaque, baisse de la température de la peau, sensation de froid, poils qui se dressent, chair de poule, bouche sèche, estomac serré, mains moites. Sang dans les muscles des jambes. Souffle court. Sens aiguisés.	Le visage pâlit, les yeux s'agrandissent, les sourcils sont haussés, et la bouche, ouverte.	→ Besoin de sécurité, de protection ou d'autoprotection.

L'amour comme une émotion

Isabelle Filliozat ajoute à ces quatre grandes émotions celle de l'amour. Elle la distingue du sentiment d'amour plus ancré dans le temps, comme une certitude profonde. L'émotion d'amour, lors d'un doux moment partagé par exemple, nous fait ressentir de la chaleur dans tout notre corps. Si nous vivons cette émotion régulièrement, le sentiment d'amour sera nourri sur le long terme.

Et la jalousie dans tout ça ?

Qui n'a jamais connu le sentiment (désagréable) de la jalousie ? Émotion plus secondaire que les quatre premières citées précédemment, la jalousie est un mélange de colère, de peur et de tristesse, qui souligne souvent l'insécurité. Elle met en lumière ce qui est important pour nous et que l'on craint de perdre.

Les enfants, surtout dans les fratries, se montrent souvent jaloux les uns des autres : « Il a eu plus de frites que moi », « C'est toujours lui qui a raison et pas moi ! »…

Plutôt que de les traiter avec égalité, recherchons l'équité. Cela signifie que ce qui compte vraiment, ce sont **les besoins de chacun** : « Tu as très faim, tu veux plus de frites ? », « Tu trouves que je n'écoute pas assez ton point de vue ? »

Equité > Egalité

Plutôt que de se fatiguer à donner les mêmes choses à chaque enfant, il serait plus juste de se mettre en lien avec chacun d'eux pour les aider à ressentir leurs propres besoins, en évitant la comparaison avec les membres de leur fratrie.

Comment ? Cela passera d'abord par une écoute sincère de l'émotion de votre enfant, pour qui ses frères et sœurs sont parfois de « grands rivaux ». S'il est reconnu dans son émotion, il vous sera plus facile de clarifier le besoin réel qui se cache derrière une demande d'égalité.

Égalité

Équité

Comment fonctionne le cerveau des enfants

Nos cerveaux d'adultes nous permettent (en théorie !) d'avoir du recul, une capacité de réflexion face à nos émotions (voir p. 15). Cela nous permet notamment de ne pas fuir le danger ou de le combattre de façon systématique. Les enfants, eux, n'ont pas cette capacité-là, puisque la maturité de ce lien entre « cerveau supérieur pensant » et « cerveau bas et émotionnel » n'est pas encore assez solide. Jusqu'à 6 ou 7 ans, l'enfant n'est pas de mauvaise volonté lorsqu'il n'arrive pas à retenir une émotion forte (comme une colère, une crise de pleurs…), c'est tout simplement qu'il ne le peut pas, son immaturité cérébrale l'en empêche.

Et si on leur laissait du temps ?

Au cours de ce que les adultes considèrent comme une crise, l'enfant est littéralement « prisonnier » de son cerveau émotionnel. Alors que le circuit neuronal déclenchant les émotions est tout à fait au point dès la naissance, celui qui les régule ne fonctionnera **pleinement qu'à partir de la seconde partie de la vingtaine.**

L'enfance est donc la période de la vie où l'on développe son **apprentissage émotionnel.** S'il est indispensable d'apprendre à exprimer ses émotions de façon socialement acceptable, il ne faut pas oublier qu'elles nous apportent des informations sur notre relation au monde, sur nos besoins. En cela, elles constituent de véritables guides dont il serait vraiment dommage de priver nos enfants ou nous-mêmes !

À chaque fois que vous pensez que votre enfant pique une crise ou qu'il fait un caprice, il s'agit en réalité d'un **débordement émotionnel qu'il ne peut contenir.** Conséquence : il a besoin d'aide et de soutien.

Situation : lorsque votre enfant est débordé par ses émotions, il est inutile de vous adresser à son cerveau supérieur et pensant (voir p. 15) en voulant le raisonner ou en demandant de l'écoute de sa part, c'est impossible ! Il est déconnecté de sa capacité de réflexion : les cerveaux limbique et reptilien ont pris le pouvoir.

Solution : il faudra donc aider votre enfant à libérer son émotion afin que son cerveau émotionnel se « reconnecte » à son cerveau supérieur une fois qu'il sera calmé. C'est à partir de là seulement que vous pouvez espérer une écoute attentive de sa part, et éventuellement, tirer des enseignements de ce qui vient de se passer. Par exemple, lorsque votre enfant hurle au supermarché pour un jouet que vous refusez de lui acheter, vous pouvez reconnaître son désir en photographiant ce jouet, puis lui dire que vous pourrez lui offrir le moment venu, et que vous reconnaissez qu'il est difficile de résister aux tentations dans les magasins.

Ecouter les émotions plutôt que les limiter

Ecouter, ça s'apprend !

Restez disponible

Il n'est pas évident pour tout le monde d'être dans l'écoute attentive de son bambin. Plusieurs raisons peuvent expliquer cette difficulté : les adultes que nous sommes n'ont pas été écoutés enfants, ou que très peu, et nous ne savons pas vraiment comment nous y prendre.
Nos journées ultra-speed n'aident pas non plus à avoir de la disponibilité mentale pour écouter nos petits…

Et puis, écouter un enfant, à la rigueur… mais plusieurs, quel boulot !

« Si on peut accueillir toutes les émotions, on doit limiter certains comportements », H. Ginott, médecin, psychologue et enseignant.

Laissez-le trouver des solutions

Par ailleurs, la plupart des parents considèrent que leur mission consiste à consoler l'enfant en cas de chagrin, à le calmer en cas de colère et à le rassurer en cas de peur. Comme des super-héros du quotidien, ils cherchent constamment à trouver des solutions aux problèmes rencontrés par leur petit. Ces réactions tout à fait normales (et bienveillantes) ne sont pourtant pas adaptées à la problématique de l'enfant. Ce dernier peut se sentir incompris, comme si ses émotions n'étaient pas appropriées (« Ne pleure pas », « Ce n'est qu'un insecte, n'aie pas peur »), mais il peut aussi se sentir privé d'autonomie dans la recherche de solutions à son problème.

Mettez-vous à sa place

Écouter, cela s'apprend. Si, au quotidien, l'écoute active de notre enfant prend de l'énergie, nous gagnons paradoxalement un temps précieux. Cela permet notamment d'éviter l'apparition régulière d'émotions refoulées, comme la frustration, la colère ou la jalousie.
Enfin, cette écoute active permet à l'enfant de réfléchir et de trouver **des solutions qui lui conviennent** et qu'il se sent capable de mettre en place tout seul, comme un grand, ce qui n'est pas vraiment le cas des solutions que nous lui proposons puisque notre vision du monde est encore très éloignée de la sienne et nos ressources, différentes.

Se mettre à l'écoute, c'est tout simplement s'ouvrir à la manière dont l'autre perçoit le monde (voir p. 11). Cela nous fait descendre de notre montagne pour aller voir ce qu'il voit. Cela ne signifie pas être d'accord avec lui, cela implique plutôt d'être prêt à reconnaître qu'il n'a pas le même point de vue et qu'il ne voit pas les choses sous le même angle que nous…

L'écoute active

Valorisez ses ressources internes

Dans la relation entre l'adulte et l'enfant, l'écoute active est essentielle, car elle est pédagogique. D'abord parce que l'enfant, tout petit, a besoin de l'adulte pour comprendre ce qui se passe en lui… Qu'est-ce donc que cette tempête qui l'anime ? Mettre des mots donne du sens à ce que vit l'enfant, lui donne de la légitimité et le rassure : ce qu'il ressent est désagréable, mais normal dans cette situation. Cela lui donne aussi la possibilité d'être une personne à part entière, avec sa vie intérieure et ses propres besoins. Progressivement, l'enfant pourra puiser dans ses ressources pour faire face à la situation, guidé si nécessaire par son parent.

En pratique

À la veille de son entrée au CP, votre enfant vous dit qu'il a mal au ventre et qu'il est inquiet à l'idée de cette première journée en primaire. Évitez de le rassurer immédiatement avec des phrases comme « Ne t'inquiète pas, je suis sûr que cela va bien se passer ! », « Tout le monde y est passé et personne n'en est mort ! » Votre enfant risquerait d'en déduire qu'il a tort de se faire du souci, tout en continuant à se sentir mal à l'aise. Si votre intention est bonne (calmer l'inquiétude), la manière, elle, est maladroite. Cela crée de la confusion chez votre enfant car, au fond, on a toujours de bonnes raisons de ressentir ce que l'on ressent… L'écoute active l'aidera à comprendre ce qui se passe en lui. Vous pouvez lui dire par exemple : « C'est normal d'être inquiet, le passage à l'école primaire est une étape importante. La plupart des enfants ont un peu peur, tout comme toi… Est-ce qu'il y a des choses qui t'inquiètent en particulier ? »

Privilégiez les questions ouvertes

Ce type d'échanges offre à votre enfant un espace pour exprimer ses inquiétudes, qui sont peut-être bien différentes de celles que vous imaginez de votre point de vue ! Ses angoisses pourraient être : « J'ai peur de ne pas être dans la même classe que X ou Y », ou « J'ai peur que ma maîtresse soit Mme X, un copain m'a dit qu'elle criait beaucoup », ou encore « On m'a dit qu'on ne faisait plus de jeux en primaire, et moi j'aime les jeux »… Comment lui venir en aide avec justesse si le point sensible n'est pas clair pour vous ?

Soyez (vraiment) présent

La plupart du temps malheureusement, les émotions des enfants ne sont pas prises au sérieux. Les adultes disent : « Arrête de chouiner » ou « Puisque tu es en colère, va donc te calmer dans ta chambre ! » La raison principale à ces phrases expéditives est le manque de connexion que nous, adultes, avons avec les enfants. **Une vraie écoute implique une qualité de présence** que notre propre éducation et la vie moderne rendent souvent difficile.

Ouvrir son coeur et se connecter (vraiment) à l'autre

(Re)connectez-vous à vous-même

« On ne voit bien qu'avec le cœur. L'essentiel est invisible pour les yeux. » Voilà le secret que le renard révèle au Petit Prince dans le conte de Saint-Exupéry.

Bien sûr, les parents aiment leur enfant et veulent le meilleur pour lui. Cependant, tout comme eux-mêmes ont été traités, certains parents « ferment parfois leur cœur » en pensant que c'est pour le bien de leur enfant. Ces parents ont été si souvent coupés de leurs propres ressentis qu'il ne leur est pas évident de se connecter à eux-mêmes.

En pratique...

Vous avez prévu une sortie dans un parc à jeux, mais il se met à pleuvoir. Votre enfant s'en faisait une joie depuis des jours, aussi sa déception est intense. Si vous lui demandez de cesser son caprice alors qu'il pleure et exprime sa déception, l'intensité de son émotion n'en sera que décuplée. Si au contraire vous prenez le temps de l'écouter, de parler avec lui de la joie qu'il se faisait à l'idée de cette sortie, vous l'aiderez à passer progressivement à autre chose.

Pour pratiquer une écoute de qualité, encore plus que ses oreilles, il faut donc ouvrir son cœur.

Écouter va plus loin que le simple fait d'entendre. Loin d'être un processus passif, cela nécessite beaucoup d'attention et de reformulation des émotions de son enfant pour être au plus près de son ressenti. Même si ce n'est pas toujours simple de reformuler, l'important est de rester sincère dans son approche. Finalement, c'est dans la pleine **ouverture d'esprit que se trouvent les solutions.** La présence physique et affective est au cœur de la connexion à votre petit.

Ce lien authentique aidera votre enfant à mieux exprimer ses émotions et, comme un ballon, celles-ci se dégonfleront pour redonner accès à la réflexion et à la recherche de solutions. La métaphore du **ballon émotionnel** est très utilisée dans le monde de la parentalité positive, parce qu'elle est très claire et utile pour les parents.

Ce n'est qu'une fois le ballon dégonflé et le cerveau pensant de nouveau connecté que l'on pourra échanger avec l'enfant.

Le parent n'est pas là pour juger les émotions que ressent l'enfant, mais pour l'aider à en comprendre le sens et à trouver une expression acceptable de ses ressentis.

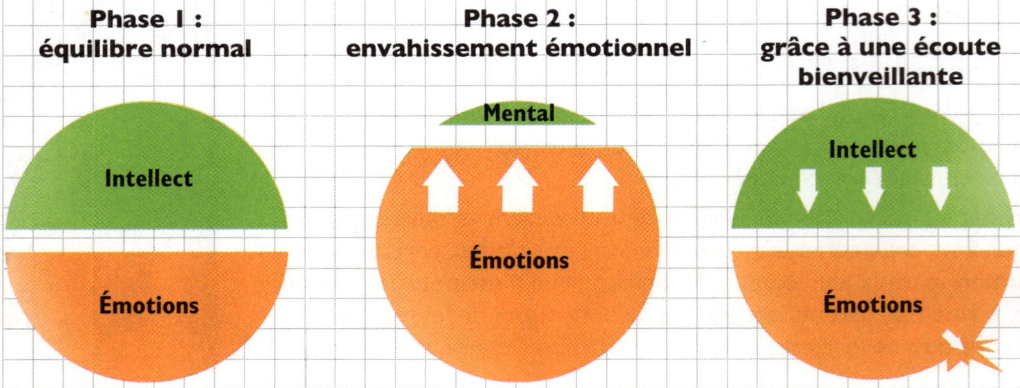

Situation : votre enfant vient de tomber et il pleure.

Solution : plutôt que de lui dire « Ce n'est rien, juste une petite chute, relève-toi », observez-le attentivement pour constater ce qu'il vit à ce moment-là et, si besoin est, mettez des mots dessus : « Ça fait mal de tomber sur ses genoux. Est-ce que ça va ou as-tu besoin de soins ? »

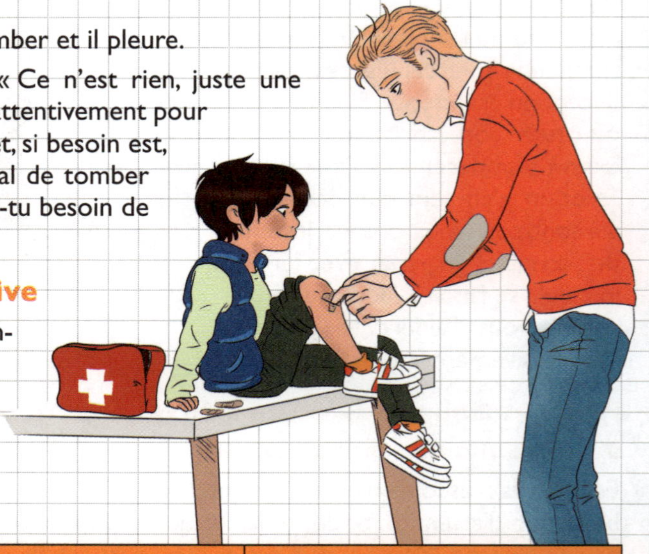

Exercice pour une écoute active

Pour se mettre à l'écoute, il faut reconnaître l'émotion cachée derrière l'expression ou le comportement de l'enfant. Prenez quelques instants pour vous exercer en complétant le tableau ci-dessous.

Votre enfant dit	L'émotion, le ressenti caché	La phrase qui refléterait votre écoute
Tous les copains vont au centre de loisirs mais je ne sais pas si j'ai envie d'y aller.	....	....

Votre enfant dit	L'émotion, le ressenti caché	La phrase qui refléterait votre écoute
J'ai envie de tordre le cou de Pierre !	....	....
Je suis tombée dans la cour de l'école et tout le monde s'est moqué de moi…	....	....

Réponses

L1 : *Émotion :* Hésitation, *Phrase :* Tu sembles hésiter à aller au centre de loisirs avec tes copains… ;
L2 : *Émotion :* Fureur, colère, *Phrase :* Tu es si furieux contre Pierre que tu voudrais lui tordre le cou ! ;
L3 : *Émotion :* Gêne ; *Phrase :* Tu t'es sentie gênée ?

L'astuce de la sophrologie pour gérer ses émotions

Aidez votre enfant à faire le lien entre ses sensations physiques et ses émotions. Au moyen de quelques questions orientées, créez le lien avec lui : « Où ressens-tu la peur dans ton corps ? », « Si ta colère avait une couleur, quelle serait-elle ? »
Une fois ce lien créé, lorsque le ballon émotionnel commence à dégonfler, vous pouvez aider votre enfant à se sentir mieux en lui proposant,de chasser ou d'alléger son inconfort physique à l'aide de son souffle.

Exercice : assis ou debout, votre enfant prend une grande inspiration et commence par observer ses émotions et les tensions qu'elles génèrent en lui. Puis, sur une expiration un peu tonique, il les libère vers l'extérieur en soufflant. Accompagnez votre enfant durant cette petite expérience en soufflant avec lui.

Avantages : votre enfant prend conscience de son émotion à la fois verbalement (elle a été nommée) et corporellement (il la situe dans son corps). Il découvre une ressource interne pour soulager ses tensions.

Attention, cet exercice n'a pas pour objectif de faire disparaître les émotions sans en tenir compte ou simplement de les chasser parce qu'elles sont désagréables. Tenir compte du message de l'émotion est important, mais le fait d'être outillé pour la sentir arriver et en gérer les effets physiques sera bénéfique pour l'enfant.

Le piège à éviter

Accepter tout, n'importe quand. Il ne s'agit pas d'écouter l'enfant tout le temps et en toutes circonstances ! Les détracteurs de l'éducation positive et bienveillante pointent souvent du doigt ce malentendu. « On ne peut pas tout accueillir, tout le temps ! » Bien sûr que non. Oui, l'écoute des émotions de l'enfant a une grande place dans cette vision de l'éducation, mais cela ne signifie pas tout accepter. L'expression brute des émotions n'est pas souhaitable. Il s'agit plutôt d'apprendre à l'enfant à tenir compte des informations fournies par l'émotion et de lui apprendre à les gérer. Il s'agit de lui faire comprendre que, si son corps réagit, c'est parce que **quelque chose d'important se passe en lui** et qu'il ne peut pas faire comme si cela n'existait pas. Il doit savoir qu'il peut se servir de ce qu'il ressent pour **se poser les bonnes questions,** pour comprendre ce qui est si important pour lui dans ce contexte et pour agir en fonction.

Se rendre disponible au bon moment

Écoutez-le... vraiment !

L'écoute ne s'effectue pas n'importe quand et n'importe comment. Il faut être dans de bonnes conditions de disponibilité physique et mentale ! Par exemple, si votre journée a été épuisante, faites en sorte de prendre quelques minutes pour vous recentrer (voir p. 68).

Il est nécessaire que vous ayez une réelle envie d'aider l'enfant dans un contexte (lieu et moment) qui le permet.

Avant tout, vous aurez observé chez votre enfant un signe, verbal ou non, qui vous indique qu'il a un problème. De votre côté, vous devrez être suffisamment à distance de ce qui lui pose problème à ce moment-là pour pouvoir l'aider.

Soyez indulgent

Lorsqu'on commence à mettre l'écoute en place au sein de sa famille, il peut y avoir quelques ratés le temps de bien se positionner. Au début, vous aurez peut-être tendance à amplifier un peu, ou au contraire à atténuer, le ressenti de votre enfant, à trop analyser ou à répéter (façon perroquet !), à ajouter ou à suggérer des choses auxquelles votre enfant n'a même pas pensé, ou, à l'inverse, à omettre un élément crucial de son point de vue.

La bienveillance commence par soi-même. Laissez-vous du temps et soyez indulgent avec vous. C'est difficile d'apprendre une nouvelle langue ! Votre enfant aussi risque d'être surpris et de mettre un peu de temps à s'ouvrir. Persévérez, l'effort en vaut la peine !

Un comportement = un besoin

Tout comportement a une intention positive. Gardez cette petite maxime en tête lorsque votre enfant aura un comportement qui ne vous convient pas. En somme, tout comme vous, votre bambin a de bonnes raisons de faire ce qu'il fait.

En réalité, il n'agit pas contre vous mais pour lui, pour satisfaire un besoin.

Ce n'est pas toujours clair ; le plus souvent, ça ne l'est même pas du tout ! Est-il fatigué ? A-t-il assez mangé à la cantine ce midi ? Quelque chose l'aurait-il contrarié ? Votre enfant décharge ses tensions et exprime aussi des choses vécues en dehors de la maison, ou parfois il se mure dans le silence. L'écoute est un atout et, face au mutisme d'un enfant, se rendre disponible pour lui le sera aussi. Quand le comportement d'un enfant nous semble inexplicable, nous pouvons réfléchir à un besoin non comblé.

Les principaux besoins des enfants (liste non exhaustive)

- Boire
- Manger
- Dormir
- Avoir un abri
- Être en sécurité
- Avoir de la tendresse
- Être autonome
- Être en mouvement
- Jouer
- Être aimé
- Être aidé
- Être écouté
- Le contact physique
- Le respect de ses besoins
- Avoir le choix
- L'appartenance (à un groupe : famille, amis, équipe sportive)

Nous pouvons difficilement attendre des comportements acceptables de la part des enfants si leurs besoins fondamentaux ne sont pas comblés, surtout avant 7 ou 8 ans. Un enfant qui a faim ou sommeil aura du mal à se comporter correctement. Par ailleurs, il lui sera aussi presque impossible de penser à autre chose que lui-même et de répondre à nos besoins d'adultes dans ce cas-là. Parfois, il nous sera difficile de comprendre si l'enfant a un désir, un besoin ou une envie. Les besoins sont parfois exprimés sous forme de « réponse au besoin ». Les expressions courantes « J'ai besoin que tu… », « J'ai besoin d'une activité… » ou encore « J'ai besoin d'un objet… » en sont des formulations typiques.

Bien distinguer désir et besoin…

Posez-vous la question « Qu'est-ce que cela permet ? »

Par exemple…

« J'ai besoin de me coucher tôt. »

→ Qu'est-ce que cela permet ? → De rattraper mon manque de sommeil.

Le besoin exprimé est ici un réel besoin physiologique.

« Maman, je veux boire un jus d'ananas. »

→ Qu'est-ce que cela permet ? → De combler un besoin de boire.

Cependant, ce besoin peut tout à fait être comblé en buvant de l'eau plutôt qu'un jus de fruits…

Un besoin doit être satisfait pour notre bien-être. Notre survie dépend de la réponse adaptée à nos besoins physiologiques. Les parents sont là pour combler les besoins de leur enfant tant que celui-ci ne peut le faire de façon autonome.

Les désirs, même s'ils sont importants et moteurs, n'exigent pas d'être comblés. Ils sont la plupart du temps un **moyen** de combler un besoin.

Il faut apprendre aux enfants à gérer la frustration
Dans les années 1960, Walter Mischel, psychologue américain, mène une étude devenue célèbre qu'il propose à des enfants de tous âges et de toutes classes sociales. Il leur demande simplement de résister au bonbon qu'il dépose devant eux jusqu'à son retour. S'ils y parviennent, ils obtiendront un second bonbon.

Les résultats : les enfants qui ont su patienter une quinzaine de minutes deviennent des adultes ayant une vie sociale plus épanouissante, ils ont plus d'amis, ont fait de meilleures études et ont un meilleur emploi que les enfants qui ont englouti immédiatement le bonbon.

Pendant l'expérience, des stratégies sont proposées à l'enfant, comme imaginer que le marshmallow est une boule de coton ou encore se figurer la sucrerie en photo. Ce sont autant de ressources pour résister.

Conclusion : pour aider un enfant à gérer une frustration, rien de mieux que de lui proposer des alternatives !

À retenir…
→ La plupart des enfants de moins de 4 ans ne parviennent pas à se retenir devant une frustration.
→ À 12 ans, ils sont environ 60 % à y parvenir.

Les bénéfices de l'écoute active

Faciliter les apprentissages

C'est quand **on se sent bien qu'on apprend bien.** Si le cerveau est accaparé par des émotions réprimées, il sera très difficile à l'enfant de se concentrer, de mémoriser, de déduire, d'apprendre…

Être dans l'écoute, c'est se mettre dans une posture accueillante et bienveillante permettant à l'esprit et au corps de se libérer. Il faut prendre la bienveillance comme un outil pédagogique qui permet, entre autres choses, d'aider l'enfant à apprendre mieux.

Elle l'invite également à bien **développer et exprimer sa pensée.** Elle encourage à la réflexion, aide à évaluer, à comprendre et à interpréter les informations. Cet entraînement est une base solide pour tous les petits et grands apprentissages de la vie !

Favoriser l'intelligence émotionnelle

Entraînement et indulgence : voici les deux mots-clés pour développer l'intelligence émotionnelle. L'enfant, conscient de ses ressentis, apprendra progressivement à en tenir compte et à agir en fonction du message véhiculé par ses émotions. Avec le temps, il pourra reconnaître ces mêmes émotions chez les autres et en tenir compte. Cela lui permettra d'être plus en harmonie avec lui-même et son environnement.

Pratiquer l'écoute active permet de faire progresser son petit sur les critères de base de l'intelligence émotionnelle consistant à savoir **identifier, comprendre, exprimer et écouter, réguler et utiliser** ses émotions au quotidien, pour soi et dans sa relation aux autres.

Développer l'empathie

Un enfant qui n'est presque jamais accueilli dans ses émotions apprendra progressivement à se déconnecter de ce qu'il ressent et à ne plus en tenir compte. Pour être empathique, il est nécessaire **d'être capable de percevoir en soi les émotions** pour pouvoir **les concevoir** (et donc les comprendre) **chez une autre personne**.

Lorsque l'enfant bénéficie lui-même d'empathie et d'écoute, il sera automatiquement plus enclin à s'ouvrir aux émotions des autres. Il comprendra mieux la portée de ses paroles et de ses actes. Cela l'invitera à davantage de respect envers les besoins de chacun. Il pourra lui-même « descendre de sa montagne » (voir p. 31) pour comprendre la vision et les émotions de son entourage.

Renforcer les liens d'amour et de confiance

Si votre enfant sait qu'il est écouté chez lui, sans être jugé ou grondé immédiatement, il sera plus confiant pour s'exprimer sur sa vie en dehors de la maison. Et, quand en grandissant il rencontrera des problèmes plus complexes, il se sentira plus en sécurité pour s'exprimer librement.

Avec l'écoute active, nous évitons d'imposer à notre enfant nos propres solutions d'adulte… Nous l'aidons au contraire à activer ses ressources internes pour mettre en place ses propres solutions. Le respect et la connexion que nécessite l'écoute active renforcent les liens familiaux.

J'accompagne les émotions de mon enfant

Bien que l'écoute active reste fondamentale pour aider les enfants à gérer leurs émotions, il existe d'autres astuces et comportements qui pourront constituer des alternatives. Découvrez d'abord quelques basiques que vous pourrez mettre en place au quotidien, puis des programmes plus spécifiques aux émotions liées à la colère, à la peur et à la tristesse.

Les bases

Êtes-vous bien disponible ? Pour se lancer dans l'écoute active, c'est indispensable ! Si vous vous sentez vous-même stressé ou agacé, prenez le temps de respirer profondément à raison de 6 respirations par minute (voir p. 68). Si vous ne disposez pas de 5 minutes, faites quelques respirations synchronisées (voir le détail p. 74), en vous concentrant sur la tension de votre corps en apnée ; insistez sur les mains et les avant-bras, puis expirez en relâchant les tensions.

Quel que soit le programme que vous souhaitiez utiliser, voici quelques basiques à garder en tête. Ils constituent une ressource précieuse pour chacune des émotions.

Cultivez la joie !

Il n'y a pas que les émotions désagréables dans la vie, il y a aussi la joie ! Un peu chaque soir, ou au moins une fois par semaine, instaurez un moment pour parler de ce que vous et votre enfant avez aimé dans votre journée, de ce qui vous fait du bien en ce moment… Remplissez votre « sac à positif » en partageant avec votre enfant ces petits moments de bonheur tout en choisissant les mots et les situations de votre vie qu'il comprendra. Cultiver la joie est aussi important que gérer les émotions désagréables pour avoir une bonne intelligence émotionnelle. Pourquoi ne pas créer une « boîte à bonheur » que l'on remplira toute l'année de jolis moments (tickets de spectacle, mots doux, petites histoires…) et que l'on ouvrira le 31 décembre pour les revivre ensemble ?

Remplir son réservoir d'amour : l'ocytocine power !

L'enfant vit de nombreuses situations plus ou moins difficiles en dehors de la maison. Crèche, école, sport sont autant d'occasions de vivre des petites frustrations, des injustices, des chagrins. Lorsque la relation familiale est solide, c'est auprès de ses parents que le petit vient chercher du réconfort.

Une étreinte, des baisers, un contact doux et chaleureux favorisent la sécrétion de l'hormone du bonheur, l'ocytocine. Celle-ci renforce le sentiment de sécurité chez l'enfant, lui donnant plus de force pour faire face aux inévitables difficultés de la vie. Cela favorise également sa capacité à agir de façon plus autonome.

C'est grâce à ces moments de qualité que l'enfant se ressource. Jusqu'à l'entrée au collège, il a encore grand besoin de contacts physiques !

En pratique : posez-vous la question « Combien de temps de pleine attention accordez-vous chaque jour à votre enfant ? »

Une dizaine de minutes par jour au moins, sans autre tâche domestique ou écran parasite, peut améliorer considérablement les relations familiales et le bien-être de chacun… et rendre vos soirées plus tranquilles ! Intégrez ces 10 minutes en fonction du rythme de vos journées, quand vous êtes disponible physiquement et mentalement.

Cultivez le positif

Pour bien gérer les émotions au quotidien, il faut savoir savourer les émotions agréables. En plus de l'amour, cité précédemment, valorisez la joie en la partageant avec votre enfant et cultivez la gratitude pour les petites choses du quotidien.

En pratique : par exemple, n'hésitez pas à le remercier quand il a fait une belle action, comme aider son petit frère à ranger ses jouets, ou quand il vous aide à dresser la table… Prenez soin de le complimenter de façon constructive (voir p. 85). Vous serez surpris de constater les effets positifs de cette attitude auprès de lui.

Créez un espace zen

Plutôt que d'envoyer votre enfant au coin pour le punir, pourquoi ne pas créer ensemble un espace au sein duquel il pourrait se ressourcer dans le confort ? Lorsque son ballon émotionnel déborde, votre enfant pourra, s'il le souhaite, aller s'apaiser dans cet espace réservé.

En pratique : voici quelques pistes pour aménager votre coin zen dans un endroit calme de la maison :

- Des coussins et des matières agréables et douces.
- Une ou plusieurs boules à neige, à secouer puis à regarder pour s'apaiser.

- Des crayons et des feuilles pour dessiner ses émotions.
- Des mandalas à colorier.
- Une balle anti-stress à malaxer.
- Une balle de tennis pour se faire des automassages.
- Des livres.
- Tout autre objet que votre enfant pourrait associer au calme !

Ne surchargez pas l'endroit d'objets ou de jouets. Ne vous privez pas non plus de profiter de cet espace ! Quand la moutarde vous monte au nez, installez-vous dans cet espace zen pour respirer un peu. Votre enfant vous imitera plus facilement.

Utilisez l'imaginaire

Les enfants sont les rois de l'imaginaire et de la créativité, alors pourquoi ne pas utiliser leur faculté naturelle à s'inventer de jolies histoires pour apporter un peu de complicité dans vos échanges ?

En pratique : leur jeu préféré ? Faire semblant ! Ce matin, il n'a pas envie d'aller à l'école ? Imaginez ce que vous feriez si vous faisiez l'école buissonnière… En faisant cela, vous reconnaissez la légitimité de son envie sans pour autant y céder, et renforcez les liens de confiance et de proximité avec lui. Pour lui, ce jeu est un vrai plaisir, car il se sent reconnu dans un moment de complicité avec vous, et cela l'aide à trouver des ressources en lui pour gérer cette situation frustrante. Bien sûr, cette technique ne fonctionne pas à tous les coups, mais elle a le mérite d'autoriser l'envie et le rêve.

Mollo sur les bonbons

Parfois, les comportements des enfants ne sont pas dus à leurs émotions mais à leur alimentation. L'excès de sucre, par exemple, a un impact sur leur cerveau et leurs apprentissages. Trop de bonbons ou autres gourmandises ne sont pas bénéfiques pour le tonus général de votre bambin.

Aussi, si votre enfant vit de véritables montagnes russes émotionnelles, des périodes d'agitation suivies de moments d'apathie, soyez attentif à sa consommation de sucre. Après le pic d'énergie arrive l'hypoglycémie avec sa baisse de tonus, voire de moral.
Difficile d'attendre des enfants qu'ils tiennent en place alors que ce carburant si rapide à fournir de l'énergie se trouve partout : des jus de fruits et des sodas aux plats cuisinés industriels en passant par les gâteaux…

Après une légère euphorie et un bien-être très éphémère, la consommation de sucre peut avoir des conséquences néfastes sur sa santé (surpoids, diabète). Ce que l'on sait moins, c'est que la surconsommation de sucre affecte aussi la mémoire, l'attention, et donc les apprentissages.

Vous aiderez votre enfant à rester concentré en lui proposant de l'eau, des fruits frais et secs, des légumes et autres aliments sains et non transformés par l'industrie agroalimentaire.

Mon programme pour canaliser ses colères

Le volcan de la colère

Émotion puissante, la colère vise à amener du changement face à une situation qui ne nous convient pas. Elle apparaît dans les situations d'injustice, de frustration et d'agression. Elle vient souligner ce qui compte pour nous et poser des limites à ce que nous trouvons inacceptable, c'est pourquoi elle a besoin de s'exprimer, et non d'être réprimée, pour pouvoir diminuer. Vous en avez peut-être déjà fait l'expérience : si vous gardez de la colère en vous, vous avez plus de risques de jouer les cocottes-minute qui explosent quelque temps plus tard !

Repérez ce qui déclenche sa colère

La colère d'un petit est très souvent inacceptable pour l'adulte, qui estime qu'un enfant n'a pas à se rebeller. Or, un petit qui peine à se faire comprendre risque d'avoir des comportements de plus en plus inacceptables. Il tape, hurle, jette des objets et va jusqu'à se faire mal. Il n'est plus réellement en colère. Il a dépassé ce stade ; il devient violent. La violence, c'est en quelque sorte l'échec de la colère. Lorsque nous ne parvenons pas à faire comprendre notre colère, nous en amplifions l'intensité (adulte ou enfant) de façon à être entendus. C'est la raison pour laquelle il est important de repérer les montées de colère avant qu'elles ne deviennent ingérables. Voici quelques astuces pour aider votre enfant à gérer sa colère…

Repérez la situation

Prenez le temps de noter les situations récurrentes au cours desquelles votre enfant s'énerve. Pendant quelques jours, observez-le et essayez de comprendre à quelles situations il réagit. Notez le tout dans un tableau, par exemple :

Moment de la journée	Situation et personnes	Mode d'expression de la colère (gestes, mots, volume sonore)	Estimation de l'intensité de l'émotion	Votre réaction (mots, gestes)

Au bout de quelque temps, prenez un moment pour analyser votre tableau. Repérez les moments de la journée plus propices aux colères de votre enfant ou les situations bien spécifiques qui génèrent systématiquement de la colère chez lui. Prenez également en compte vos propres réactions : étiez-vous disponible ou stressé, étiez-vous à l'écoute de votre enfant ou tentiez-vous de le raisonner ? Si ses colères sont surtout présentes lorsque vous êtes vous-même stressé, il est peut-être temps de prendre soin de vous (voir p. 55 et suivantes).

Anticipez !

Commencez par aborder les points qui génèrent systématiquement une colère chez votre bambin et anticipez. Prenez un moment avec votre enfant lorsque tout va bien et parlez-lui sincèrement de ce problème récurrent pour essayer de trouver une solution ensemble. Commencez par décrire précisément ce qui pose problème.

« Le matin, lorsque je te demande de te préparer, tu ne t'arrêtes pas de jouer, et lorsque je te presse car nous sommes en retard, tu te mets en colère. Comment pourrait-on faire pour que nos matinées soient plus tranquilles ? Pour que tu puisses jouer un peu mais être prêt à l'heure. Qu'est-ce qui t'aiderait ? »

Prenez le temps de vous écouter mutuellement.

Au quotidien, n'hésitez pas à faire régulièrement de la prévention et à exprimer clairement à votre enfant les comportements attendus.

Favorisez l'écoute active

Lorsque votre enfant se met en colère, écoutez-le si cela est possible pour vous à ce moment-là, sans le toucher. Tentez au maximum de reformuler ce qu'il vous dit. S'il est en colère après vous, vous pouvez l'apaiser en faisant en sorte que votre tête soit à un niveau un peu plus bas que la sienne, ce qui enverra à son cerveau le message que vous n'êtes pas une menace. De votre côté, essayez de respirer profondément, car il est parfois difficile d'accueillir l'intensité émotionnelle d'une grande colère.

Prenez un temps d'échange et de qualité

Si votre enfant s'énerve souvent, faites le point sur le temps de qualité que vous parvenez à passer ensemble. C'est peut-être un peu trop la course ces derniers temps ? Passez 10 minutes par jour de vrais moments ensemble, de jeux, de câlins, de conversation, cela pourra vraiment soulager votre quotidien.

Ma boîte à outils anti-colère

Le côté ludique

➢ La boîte à cris

Décorez avec votre enfant une boîte alimentaire avec couvercle (une boîte de lait infantile, par exemple). Lorsqu'il a envie de hurler, il peut crier dedans et ensuite aller l'ouvrir par la fenêtre pour que les cris s'éloignent. Elle peut aussi servir de boîte à gros mots.

L'aspect symbolique

➢ Les boules de papier

Il est possible de mettre à disposition de votre enfant un petit tas de feuilles de brouillon qu'il pourrait froisser et jeter dans une poubelle pour alléger la tension que la colère provoque chez lui.

➢ Le gribouillis

Dans le même esprit que les boules de papier, vous pouvez demander à votre enfant de gribouiller sa colère avec un gros feutre de la couleur choisie pour l'extérioriser. Pour les enfants qui maîtrisent la lecture et l'écriture, cela peut devenir un acte symbolique. L'enfant écrit alors le motif de sa colère sur le papier, le plus précisément possible, puis il le chiffonne et le jette.

➢ Le ballon de colère

Votre enfant choisit un ballon de baudruche qu'il gonfle en soufflant sa colère à l'intérieur, puis il la laisse s'éloigner par la fenêtre en vidant le ballon.

Les astuces sophrologiques

➢ Les valises à contrariétés

Votre enfant se met en position debout, les pieds écartés à la largeur du bassin. Sur l'inspiration, il serre ses deux poings en levant ses épaules comme s'il soulevait deux valises.

Alors que ses poumons sont pleins, il bloque sa respiration, puis abaisse et relève plusieurs fois ses épaules, comme pour secouer ses valises de bas en haut.

Enfin, sur une expiration tonique, il fait mine de jeter les valises sur le sol.

Votre enfant peut imaginer ses valises à contrariétés (la couleur, la forme), et mettre à l'intérieur tout ce dont il veut s'alléger.

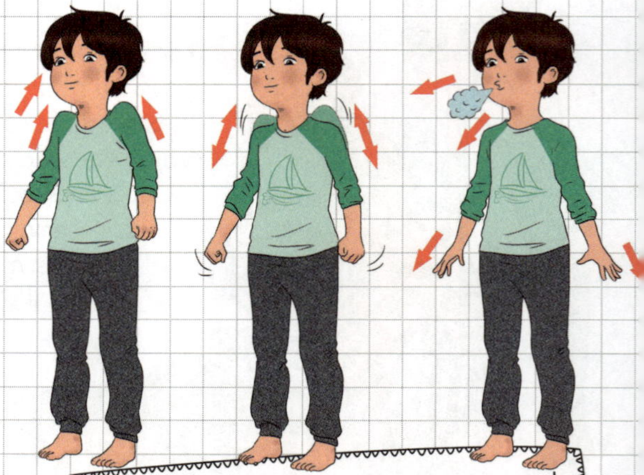

Attention : il ne faut ne pas remplir les valises avec des personnes, même symboliquement, mais plutôt cibler les attitudes, les ressentis. Plus l'enfant est précis, plus cela pourra être libérateur pour lui.

➢ Les respirations synchronisées

Cet autre exercice de sophrologie a l'avantage d'être plus facile à réaliser encore que le précédent, tout en déchargeant la tension corporelle.

Assis ou debout, votre enfant prend une grande inspiration et, en apnée (poumons pleins), il contracte, **en douceur,** le plus de muscles possible (ceux de son visage, de ses épaules, de son dos, de son torse, de ses bras et de ses poings, ainsi que de tout le bas du corps).

Puis, sur une longue et profonde expiration, il laisse la tension se relâcher doucement jusqu'à être le plus détendu possible.

Il termine l'exercice avec quelques respirations calmes et profondes, le corps relâché.

À reproduire autant de fois qu'il le souhaite !

Mon programme pour dire bye-bye à la peur

La peur est l'émotion la plus profondément ancrée en nous. Elle nous permet de détecter les dangers, de nous en éloigner ou de les combattre, avec pour objectif la survie. Sans la peur, nous prendrions des risques inconsidérés.

Respectez sa peur

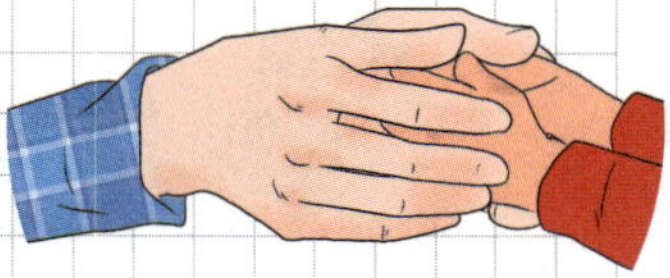

Lorsqu'un enfant a peur, les adultes cherchent à le rassurer. Pourtant, l'enfant effrayé aura du mal à se sentir rassuré par les paroles des adultes. Ce dont il a besoin c'est de **trouver la réassurance en lui-même** afin d'être plus autonome. L'enfant découvre le monde, les différentes formes de vie et les conventions sociales. Il a plus besoin **d'écoute et d'informations** que d'être rassuré par des paroles du type : « Mais non, tu ne crains rien, je te le promets. » En respectant quelques étapes, nous pouvons aider l'enfant à se rassurer lui-même.

Faites preuve de respect

Il a peur du monstre sous le lit ou de la sorcière cachée dans le placard ? Surtout, ne vous moquez pas de ses peurs ! Ces craintes doivent être respectées (comme celles des adultes d'ailleurs !). Certains enfants sont plus craintifs (et imaginatifs) que d'autres et ils ont besoin de temps pour rationaliser. Être respecté peut donner à l'enfant la force de dépasser ses peurs.

Clarifiez ses raisons d'avoir peur

En vous mettant à son écoute, vous verrez plus clair sur ce qui lui fait vraiment peur. Les enfants ont un imaginaire fertile, et l'écoute de leurs petites angoisses peut révéler bien des surprises auxquelles vous n'auriez jamais pensé. De son côté, votre petit se sentira déjà un peu libéré d'avoir pu mettre toutes ses émotions en mots.

Informez-le pour le rassurer

Parfois, il suffit d'informer plus précisément votre enfant pour l'amener à prendre du recul sur ses petites peurs.

Lorsqu'on a pris le temps d'écouter un enfant, il est possible de déceler la cause de sa peur et de pouvoir y réfléchir sur une base solide. Il a peur des insectes ? Pourquoi ne pas les lui faire découvrir via un livre d'images ou un moteur de recherche afin de distinguer ceux dont il faut se méfier et les autres, totalement inoffensifs ? Votre louloute redoute la nouveauté ? Et si vous preniez le temps de lui expliquer le déroulement d'un projet avec des points de repère temporels dont elle pourra se servir ? Laissez-vous guider par votre enfant et ses questions sans trop anticiper à sa place.

Encouragez-le !

Encouragez votre enfant, mais pas n'importe comment (voir p. 85) ! N'hésitez pas à souligner de façon descriptive tous ses progrès. Ne vous emballez pas (trop) en exagérant les faits : il pourrait penser que vous êtes de mauvaise foi et peu objectif. Mettez en mots ses progrès sincèrement, pour qu'il se les approprie plus facilement.

Ouvrez le coffre au trésor

Pour le motiver, stimulez sa « mémoire des réussites ». Vous l'avez vu se relever mille fois pour apprendre à marcher, vous savez qu'il est capable de se dépasser. Profitez-en pour lui glisser quelques souvenirs de ses réussites passées, comme les pépites d'un coffre au trésor grâce auxquelles il pourra se ressourcer.

Créez une boîte à outils anti-peur

L'aspect symbolique : dessiner sa peur

Vous pouvez demander à votre enfant de dessiner sa peur. Cela lui permettra de mettre à l'extérieur de lui-même cette représentation effrayante. Symboliquement, il peut reprendre un peu de pouvoir sur ses angoisses en dessinant des solutions rigolotes pour les neutraliser, par exemple un sabre laser magique destiné à affaiblir les monstres nocturnes qui l'effraient.

La respiration : l'expiration profonde

Ensemble, c'est encore mieux et plus efficace. Une fois la phase émotionnelle intense passée, jouez ensemble à faire de longues expirations et des inspirations qui s'amplifieront peu à peu… Détente assurée ! Lorsque notre cerveau détecte un danger, notre rythme cardiaque accélère, et avec lui notre respiration. Ainsi, en intervenant sur la respiration, nous pouvons « tromper » le cerveau, à condition d'utiliser le souffle de la bonne manière. De 1 à 2 minutes de ces respirations profondes auront déjà bien apaisé les signes de notre emballement corporel.

Avec le temps, votre enfant aura une nouvelle ressource à sa disposition, qu'il pourra utiliser de manière autonome.

L'astuce sophrologique : l'exercice du polichinelle

Voici un petit exercice très ludique, que les enfants apprécient beaucoup.

En position debout, les pieds restant collés au sol, votre enfant fait venir comme des tremblements, des petits sursauts dans ses genoux tout en gardant son corps souple comme une poupée de chiffon. Cela ressemble à un pantin qui sauterait sur lui-même sans décoller ses pieds du sol.

Cette pratique va aider votre enfant à s'ancrer au sol et à mettre son corps en mouvement face à la peur, tout en augmentant son énergie.

Mon programme pour l'aider à exprimer sa tristesse

La tristesse : une émotion connue de tous

La tristesse est l'émotion liée à une perte, petite ou grande, réelle ou symbolique. Elle se retrouve dans les situations de deuil, de séparation, de déception et de désillusion.

Les 2 étapes à respecter

En premier lieu, la tristesse invite à prendre le temps de digérer la perte. Dans un second temps seulement, on peut imaginer l'avenir sans ce que l'on a perdu, tout en gardant en tête que la vie est pleine de belles surprises qui se glisseront à nouveau sur notre chemin…

Grâce à votre présence physique rassurante et à votre écoute, votre petit traversera cette épreuve en se sentant soutenu.

Favorisez le contact

L'expérience vous a déjà prouvé que pleurer contre une épaule bienveillante fait du bien. C'est beaucoup plus libérateur que de pleurer seul ! Si votre enfant est triste, prenez-le dans vos bras avec son accord et laissez-le pleurer tout contre vous sans chercher à trouver des mots réconfortants ; faites-lui plutôt de tendres caresses en l'encourageant à laisser aller tout son chagrin.

Reconnaissez sa perte

Laissez votre enfant clarifier ce qui se passe en lui avec ses propres mots. Offrez-lui l'espace nécessaire pour exprimer sa peine dans le moment présent. Ne cherchez pas à lui suggérer solutions et compensation dans l'immédiat. Laissez-lui le temps de vivre son chagrin. Ce n'est que de cette façon qu'il pourra sainement retrouver la confiance et son sourire si communicatif !

Programmez le futur

Une fois ses larmes versées, parlez-lui en douceur du futur. En fonction de la perte subie et ressentie, les choses se déroulent différemment.

- Pour les petits chagrins du quotidien, un simple accueil des émotions et un contact physique tendre suffisent la plupart du temps.
- Si votre enfant a perdu un jouet ou un match de foot, vous pourrez rapidement vous tourner vers l'avenir en l'aidant à mobiliser des solutions qui lui permettront de reprendre confiance.
- Si son meilleur ami déménage ou si son papi vient de mourir, cela peut prendre plus de temps. Il faudra se mettre à son écoute et l'accompagner dans l'expression de ses émotions.

Intuitivement, vous saurez si vous allez trop vite pour lui. Quand il n'est pas prêt à recevoir une aide ou des conseils, votre enfant le signifie clairement. Adaptez-vous à son rythme et laissez-le parler de sa perte le temps qu'il faudra. S'il peut le faire librement et à son rythme, il pourra de nouveau se projeter dans l'avenir dès qu'il sera prêt.

Ma boîte à outils « SOS chagrin »

Le côté ludique : le circuit énergétique

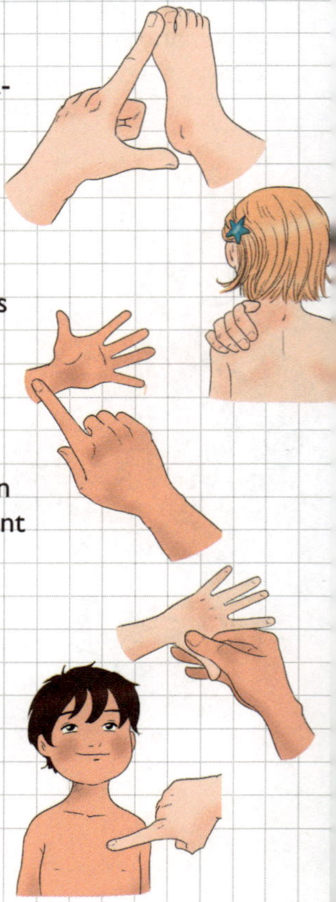

La psycho-bio-acupressure (PBA) du Dr Delatte est une méthode soulageant les états émotionnels grâce à la stimulation d'une série de cinq points énergétiques, à reproduire 3 fois de suite.

- Base extérieure de l'ongle du pouce du gros orteil droit.
- Au niveau du majeur lorsque vous posez votre main sur l'épaule gauche de votre enfant.
- À l'intérieur de l'avant-bras droit, à l'aplomb du pouce, à trois travers de doigt du poignet de votre enfant.
- Au niveau de l'articulation du pouce et de l'index de la main gauche.
- Sur le thorax, au centre de la ligne qui relie les deux mamelons.

Pour soulager la tristesse de votre enfant, le circuit n° 1 pourra être appliqué par vous ou par votre enfant lui-même. Exercez une pression douce de quelques secondes sur chacun de ces points, en respectant l'ordre proposé.

L'aspect symbolique : le cahier des jolies choses

Laissez à la disposition de votre enfant un cahier qu'il remplira chaque soir avec des mots ou des dessins (au début, en votre compagnie) décrivant de trois à cinq choses positives qu'il a vécues au cours de la journée. Cela va progressivement l'aider à ouvrir son regard sur des choses positives.

La respiration : la danse de la bougie

Pour revenir à une respiration plus fluide, proposez à votre enfant (en votre présence, uniquement) de faire danser la flamme d'une bougie sans l'éteindre. Cela l'obligera à canaliser son souffle et à concentrer son attention sur sa respiration. Vous pouvez jouer à vous éloigner de plus en plus de la bougie pour pousser les expirations plus longuement.

L'astuce sophrologique : visualiser le futur

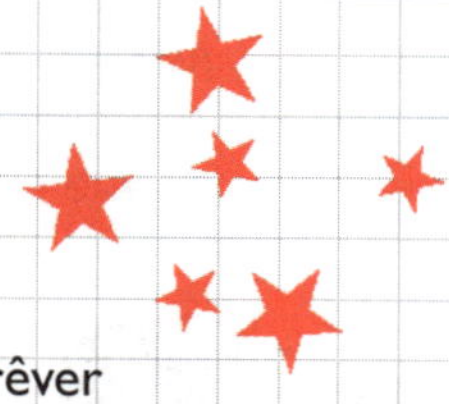

Installez votre enfant dans une position confortable (son attention sera de meilleure qualité s'il est assis plutôt qu'allongé). Invitez-le par quelques phrases à se détendre, au moins au niveau des sourcils, des mâchoires, des épaules et du ventre. Ensuite, proposez-lui de s'imaginer dans quelques mois dans une situation agréable pour lui, le laissant rêver pour être exactement comme il a envie d'être. Proposez-lui d'imaginer le lieu en détail, les personnes présentes, l'action en cours, et surtout d'être attentif à ses ressentis positifs dans cette situation. Après quelques instants, invitez-le à inspirer tout le positif de cette scène imaginée et à le ramener en lui dans le présent sur l'expiration.

Mon programme pour gérer la jalousie dans la fratrie

Comme chien et chat

Tantôt complices, tantôt ennemis jurés… frères et sœurs ne peuvent s'empêcher de se jalouser ! Malheureusement, ce n'est pas toujours évident de partager votre temps et votre attention entre eux… Conséquence : vos enfants se comparent à gogo et les disputes s'ensuivent !

Jouez à l'enquêteur

La jalousie souligne l'insécurité, la peur de perdre, même en partie, quelque chose d'important. Lorsque vos enfants se montrent jaloux les uns des autres, il est important d'« enquêter » pour mieux comprendre le besoin caché derrière cette manifestation de jalousie.

Encouragez vos enfants à s'exprimer

Pratiquer l'écoute active avec vos enfants les aidera à clarifier ce qu'ils ressentent et ce dont ils ont besoin. Cela permet également de donner un espace de parole sans jugement. Essayez de trouver un moment calme dans un endroit rassurant, en tête à tête. Éloigné de son frère ou de sa sœur, il pourra trouver les mots pour vous dire ce qu'il a sur le cœur.

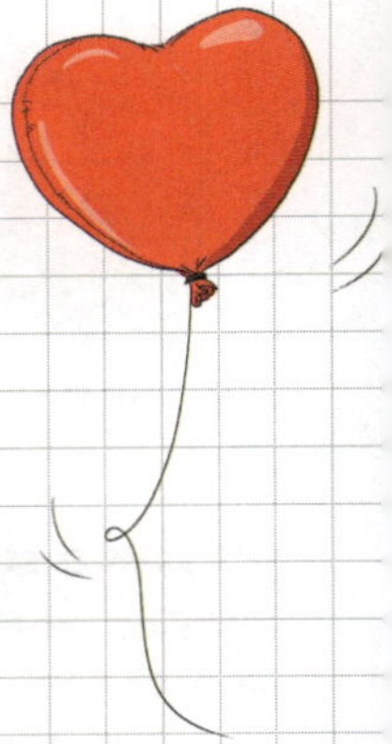

Recherchez l'équité

Donnez à chacun de vos enfants ce dont il a besoin, et non la même chose à tous. Aidez chaque enfant à distinguer ses propres besoins plutôt qu'à se comparer aux autres. L'écoute active au quotidien facilite cette connexion à soi !

Évitez les comparaisons

Il n'y a rien de pire pour entretenir jalousies et rancœurs que de comparer des enfants. Dans la continuité de l'équité, acceptez que chacun soit unique et différent. C'est d'ailleurs bien plus enrichissant pour toute votre petite tribu d'avoir des points de vue différents sur le monde !

Dosez vos compliments

S'il existe beaucoup de jalousie entre vos enfants, soyez vigilant : évitez de faire des compliments trop appuyés à l'un de vos enfants devant les autres… Cela risquerait d'accentuer leur jalousie !

Prenez un temps d'échange et de qualité

Passez du temps de qualité avec chacun de vos enfants régulièrement, cela leur permettra à tous de remplir leur réservoir d'amour pour se sentir plus confiants et sereins !

En cas de conflit

Ils se chamaillent tous les jours ou presque ? Laissez-les gérer seuls ! C'est en se confrontant qu'ils apprendront à gérer les conflits, en défendant leur position ou en acceptant de faire des compromis.

En cas de conflit plus sérieux, vous pouvez intervenir de façon efficace et sans prendre parti en suivant quelques étapes.

1. **Décrivez ce que vous voyez.**
   → Julie a envie de lire au calme sur le canapé et Pierre semble avoir besoin de bouger.
2. **Écoutez les ressentis de chaque enfant.**
   → Faites en sorte que chaque enfant s'exprime à tour de rôle sans être interrompu, ne prenez pas parti.
3. **Reformulez les émotions et les besoins de chaque enfant à haute voix.**
   → En reformulant leurs émotions et leurs besoins, vous leur permettez d'être plus au clair sur la situation.

4. Sachez que trouver des solutions qui conviennent à tout le monde peut être difficile.

→ Évitez de minimiser et n'hésitez pas à reconnaître que ce n'est pas toujours facile de vivre ensemble et de trouver des solutions satisfaisantes.

5. Si besoin est, guidez la recherche de solutions en proposant plusieurs choix et en restant ouvert à leurs propositions.

→ De la façon la plus neutre possible, vous pouvez proposer à Julie d'aller lire dans sa chambre et à Pierre d'aller jouer dehors dans le jardin… et leur demander : « Avez-vous d'autres idées ? »

6. Exprimez votre confiance en leur capacité à gérer la situation.

→ Après avoir mis sur les rails la recherche de solutions, laissez-les se débrouiller seuls et leur disant explicitement que vous êtes confiant sur le fait qu'ils vont trouver une solution satisfaisante pour chacun.

7. Laissez-les gérer seuls.

→ Éloignez-vous.

Ma boîte à outils « stop à la jalousie »

Le côté ludique : le signe complice

Convenez avec votre enfant d'un petit signe visuel que vous seriez les seuls à connaître. Il lui permettra de vous signifier qu'il a besoin de votre attention à ce moment-là. Ce code secret doit être facile à faire et ne pas être un geste courant pour pouvoir être facilement repéré. Laissez votre enfant être créatif, le choix de ce signe peut devenir un moment très ludique ! Ainsi, à chaque fois qu'il se sentira jaloux et aura besoin de votre aide, il pourra vous le montrer facilement.

L'aspect symbolique : le petit mot doux

Les parents peuvent glisser un mot doux sous l'oreiller de chacun de leurs enfants. Cela peut être des mots d'amour ou de gratitude, ou même des compliments ou des dessins. Concernant les compliments, veillez à rester très descriptif pour être efficace : « J'ai apprécié ce moment de discussion dans la cuisine quand je préparais le repas et que tu mettais la table. » Invitez vos enfants à faire de même les uns avec les autres. Faites-en un rituel familial, à la fréquence qui vous conviendra, pour que chacunsente à quel point il est unique et important au sein de la famille.

La respiration : un cœur qui respire

Pour permettre à votre petit de se reconnecter aux liens d'amour qu'il entretient avec toute sa famille, proposez-lui de respirer en se concentrant sur son cœur : sur l'inspiration, le cœur se charge d'amour et de sourires ; sur l'expiration, il rayonne dans toute la maison et sur ses habitants, et même encore plus loin… vers ses copains, sa mamie ou son papi, ou bien la terre entière, pourquoi pas !

L'astuce sophrologique : la pause méditative

Régulièrement, vous pouvez proposer à votre enfant un moment tranquille et silencieux où il se mettra à l'écoute de ce qui se passe en lui. Au début, optez pour des temps assez courts, moins d'une minute (ce qui peut être déjà long pour certains), et demandez à votre enfant de sentir ce qui se passe en lui. Vous pouvez le questionner au début pour l'aider : « Est-ce qu'il y a des endroits calmes dans ton corps ? », « Certaines parties de ton corps sont-elles agitées ? », « Quelles parties de ton corps bougent quand tu respires ? », « Ressens-tu une émotion particulière ? » Faites des temps de pause après chaque question.

Pratiquée régulièrement, la méditation apprend à se connecter à nos ressentis et à nos besoins. Cela aidera votre enfant à revenir à lui-même, à ce qu'il ressent, et lui facilitera l'accès à ses propres besoins plutôt que se comparer à sa fratrie.

Chapitre 3

Parents, prenez soin de vous !

Le métier de parent n'est pas de tout repos ! Il demande beaucoup de disponibilité et d'adaptabilité pour peu de reconnaissance immédiate…
Les parents d'aujourd'hui mettent la barre encore plus haut que ceux des générations précédentes, en espérant le meilleur pour leurs enfants : une vie personnelle épanouissante assortie d'une vie professionnelle enrichissante ! Alors, quand la science s'en mêle pour nous confirmer l'importance de l'environnement quotidien au sein duquel l'enfant grandit, la pression monte encore d'un cran…
Pour la relâcher, vous devez aussi prendre soin de vous, histoire d'éviter le KO…

Test : mon entraînement à l'écoute des émotions

Vous avez décidé de mettre en place l'écoute active au quotidien : vous avez cherché à mieux comprendre ce que vivait votre enfant, à reformuler ses émotions, et tenté de rediriger ses réactions vers des comportements plus acceptables. Faites le point en répondant à quelques questions…

Êtes-vous parvenu à vous mettre à l'écoute de votre enfant ?

- Pas une seule fois.
- Deux ou trois fois.
- De nombreuses fois.

Avez-vous eu des difficultés à vous mettre à l'écoute ?

- J'étais trop stressé pour y parvenir.
- J'ai eu du mal à trouver le temps.
- Je n'ai pas eu de difficultés particulières.

Comment avez-vous réussi à écouter votre enfant ?

- J'ai fait de très gros efforts.
- Je me sentais cool et disponible à ce moment-là.
- J'y crois et j'ai vraiment envie d'y arriver.

Dans quel contexte avez-vous eu des difficultés à écouter votre enfant ?

- Tout le temps ces derniers jours.
- Le matin avant l'école et le soir en rentrant.
- Je n'ai pas eu de difficultés particulières.

Lorsque vous écoutez votre enfant, il ne vous obéit pas forcément. Quelle est votre réaction ?

- Cela m'énerve ; je fais des efforts, il doit en faire aussi !
- Parfois, j'arrive à l'accepter.
- Je l'accepte car ce n'est pas pour cela que je me mets à son écoute.

Les fois où l'écoute a fonctionné, comment vous sentiez-vous ?

- Étonné, je me suis demandé si ce n'était pas une coïncidence.
- Content de voir que, grâce à notre échange, mon enfant se sentait mieux.
- Privilégié, en lien avec mon enfant.

Aujourd'hui, lorsque vous voyez dans la rue un enfant bouleversé face à son parent qui ne l'écoute pas…

- Vous comprenez le parent : c'est tellement difficile parfois !
- Vous êtes de plus en plus touché par l'enfant.
- Vous êtes empathique autant avec l'adulte qu'avec l'enfant.

Lorsque vous êtes à l'écoute de votre enfant et que votre entourage vous critique à ce propos…

- 🍃 Vous devenez hésitant sur votre façon de faire.
- ✩ Vous entrez en conflit avec votre entourage, car c'est difficile pour vous de leur expliquer clairement.
- ☼ Vous êtes clair sur votre position et votre intention, vous leur expliquez votre approche avec calme et aplomb.

Faites les comptes !

🍃	✩	☼

Vous avez un maximum de 🍃 **:** *difficile de vous mettre à l'écoute, car vous devez absolument prendre davantage soin de vous.*

Trop de pression, de stress, le temps et l'énergie semblent vous manquer. Impossible d'être disponible dans ces conditions. Commencez par respirer consciemment et régulièrement au cours de la journée. Adoptez ensuite la fréquence de six respirations par minute (voir p. 68). Réfléchissez au temps que vous prenez pour vous (voir l'exercice p. 62) et accordez-vous une fois par semaine une activité plaisante. Stimulez régulièrement le point d'acupressure (voir p. 74).

Vous avez un maximum de ✩ **:** *vous êtes sur le bon chemin, soutenez cette belle dynamique en étant bienveillant avec vous-même !*

Vous vous rendez compte que, lorsque vous vous sentez bien, cela améliore votre capacité à écouter votre enfant, mais cela vous demande encore beaucoup d'attention et d'efforts… Soyez vigilant quant au temps que vous vous accordez (voir p. 62) et offrez-vous une activité rien que pour vous. Continuez à savourer les bons moments pour nourrir votre motivation avec le cahier des jolies choses (voir p. 73).

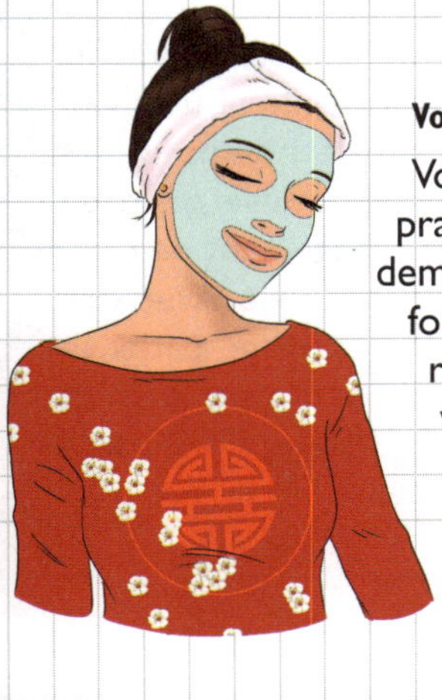

Vous avez un maximum de ☼ **:** *vous vous sentez bien et en lien avec votre enfant.*

Votre motivation est nourrie par la qualité de vos échanges. Plus vous pratiquez, plus cela devient spontané. Même si quelques inévitables conflits demeurent, vous vous sentez plus outillé pour les gérer. Attention toutefois à ne pas vous oublier, nous vivons tous des périodes de stress. La respiration est une ressource interne si simple qu'il serait dommage de vous en priver, alors rendez-vous p. 68 pour découvrir une fréquence respiratoire particulière et très efficace.

Nous ne sommes pas des parents parfaits

Nous adorons nos enfants, mais leurs besoins sont presque quotidiennement en inadéquation avec les nôtres. Quand nous rêvons de calme et de repos après une longue journée stressante, nos bambins, qui ont dû rester assis et attentifs à l'école, ont besoin de mouvement pour décharger leurs tensions. À partir du moment où l'on vit à plusieurs sous le même toit, il est impossible d'être toujours bien synchronisés. Ne nous fixons donc pas d'objectifs inatteignables et rappelons-nous que les erreurs sont aussi des occasions pédagogiques.

Dites stop à la culpabilité !

Tout le monde fait des erreurs !

Comme tous les parents, vous voulez le meilleur pour votre enfant. En lisant ce cahier, vous avez entrepris une démarche pour établir des relations familiales plus constructives. Peut-être prenez-vous conscience de certaines de vos maladresses ou de réactions peu adaptées. La culpabilité arrive alors à vitesse grand V… « Suis-je un bon parent ? Pourquoi est-ce que je ne peux pas m'empêcher de réagir ainsi ? », « Je me mets si facilement en colère »…

Pour pratiquer une éducation bienveillante, il est indispensable de **commencer par être bienveillant envers soi-même.** Considérez cela comme un cheminement, une direction vers laquelle vous tendez. Le chemin sera tantôt tranquille et fluide, tantôt semé d'embûches et de changements de direction. Il ne s'agit pas d'être parfait, car c'est tout bonnement impossible. Gardez cela en tête : le parent parfait n'existe pas !

Savoir se remettre en question

La culpabilité, émotion peu agréable, nous amène pourtant des informations précieuses. Elle nous dit que nous avons le sentiment d'avoir commis une faute, d'avoir blessé quelqu'un. Elle provoque en nous le besoin de **réparer.** Parfois, elle nous invite à modifier nos comportements en fonction de nos nouvelles connaissances. Elle mène alors à une douloureuse prise de conscience, pourtant nécessaire à notre changement de cap ! D'autres fois, elle nous gâche littéralement la vie. Avec nos enfants, elle peut nous faire passer d'une extrême patience à des moments de « craquage », car on n'aura pas pris en compte nos propres besoins, avec le risque d'explosion qui s'ensuit… Un véritable cercle vicieux !

Comme pour la jalousie, il sera nécessaire de revenir aux besoins de chacun. Ce sera plus efficace que de projeter ce dont l'enfant pourrait avoir besoin à partir de notre point de vue d'adulte coincé dans un sentiment de culpabilité.

Stop aux idées reçues ! « Les parents doivent être exemplaires et constants. »

Les enfants apprennent énormément par mimétisme en observant le monde qui les entoure. Les parents sont des modèles très importants pour eux, il est donc important d'incarner le plus possible ce que l'on veut transmettre à ses petits. Attention, nous sommes humains, avec notre dose d'erreurs et d'inconstance ! Seuls les robots donnent toujours les mêmes réponses. En revanche, faire de nos mauvaises expériences des occasions pédagogiques peut être très enrichissant, pour l'enfant comme pour l'adulte qui se remet en question. Vouloir être parfait en toutes circonstances fait peser une pression importante sur nos épaules qui risque d'engendrer l'effet contraire à celui attendu. Ramené à l'impossibilité d'être parfait, le parent frustré peut développer de la colère à l'encontre de son enfant, ce qui aura un impact négatif sur leur relation.

En pratique...

Vous culpabilisez de ne pas être assez à la maison parce que vous travaillez trop en ce moment. Vous décidez alors d'emmener votre fils voir un match de rugby. Cela se passe mal, il se plaint parce qu'il y a trop de monde, trop de bruit et qu'il préfère le foot. Vous essayez de le motiver, mais vous perdez patience. Quelle ingratitude ! Au bout d'un moment, déçu que votre cadeau n'ait pas réparé le manque de votre absence, vous finissez par vous disputer avec votre enfant.

- **Posez-vous d'abord cette question :** « Est-ce que mes absences du moment sont un réel problème pour mon enfant ? » C'est à lui qu'il faut le demander, en lui parlant clairement de votre ressenti et en lui demandant ce qu'il ressent à ce sujet.
- **Si cela lui pose problème,** demandez-lui comment il envisage la « réparation ». De quelle façon ses besoins pourraient-ils être comblés ?

Si votre enfant est très jeune, la démarche sera différente. Ouvrez-lui simplement votre cœur en exprimant vos pensées à haute voix : « Je suis souvent absent en ce moment et j'aimerais passer de bons moments avec toi. De quoi as-tu envie ? » Même un tout-petit saura vous faire comprendre ce qui lui ferait plaisir.

Dans tous les cas, il sera important de chercher la façon dont vous pourriez combler les besoins de votre enfant… de son point de vue. Peut-être que votre petit souhaite simplement que vous preniez du temps pour lui apprendre à faire du vélo ou pour jouer avec lui à son jeu de construction…

Encore une fois, sans réelle connexion à votre enfant, vous risquez de tomber à côté de ses besoins réels. En vous mettant à son écoute, vous pourrez répondre à ses besoins avec plus de justesse.

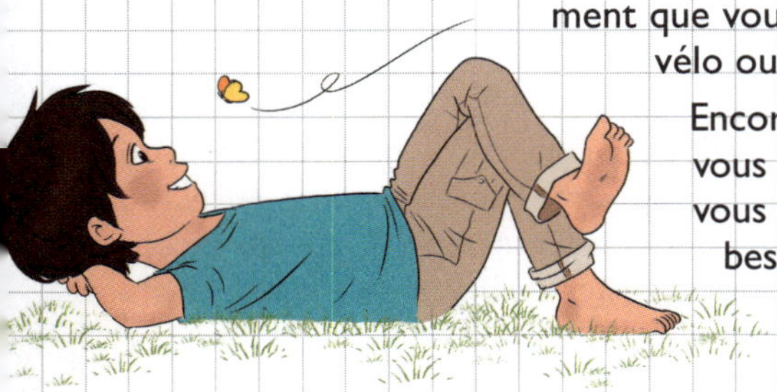

Prendre le temps d'apprendre

Bien que, dans notre société, l'erreur paraisse difficilement acceptable, c'est justement en faisant des erreurs que l'on apprend : en essayant, en se trompant, en recommençant jusqu'à parvenir à notre but.

En pratique…

Observez les enfants qui apprennent à s'asseoir, à marcher, à compter, à faire du vélo… Avec quelle ténacité ils enchaînent leurs essais ! Il en va de même pour les adultes. Si vous souhaitez changer votre regard sur les comportements de votre enfant et modifier votre façon de communiquer avec lui, cela va prendre du temps et nécessiter de **l'entraînement.**

Au début, ça ne sera peut-être pas naturel, mais ça le deviendra progressivement. Un peu comme lorsque vous avez appris à conduire et que cela vous demandait une attention constante. Aujourd'hui, vous pouvez faire un trajet routinier en pilotage automatique ou presque… Chaque apprentissage nécessite de l'entraînement pour devenir spontané. Tel le sportif, gravissez à votre rythme les marches de l'apprentissage.

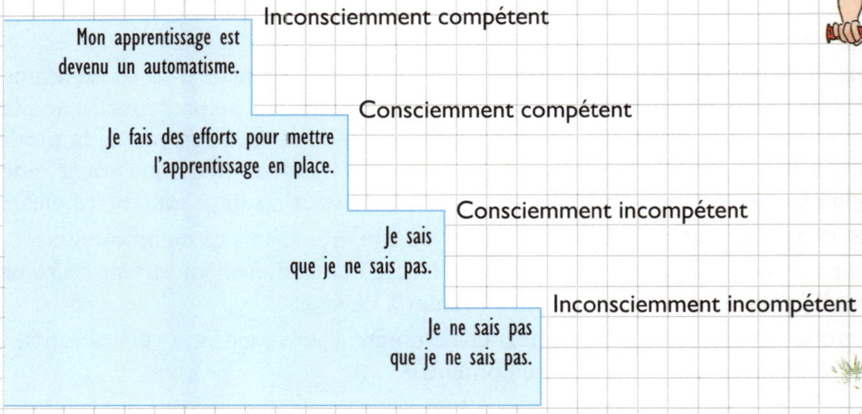

Les enfants se comportent… comme des enfants

Tout ne peut pas être comme un long fleuve tranquille lorsqu'on vit à plusieurs, surtout avec des enfants en mode pile électrique !

En pratique…

En plein développement, votre petit a son propre rythme : ses compétences émotionnelles et relationnelles sont en cours d'acquisition. Avoir des attentes réalistes et adaptées à l'âge de votre enfant vous évitera de nombreuses frustrations (voir pp. 18 et 19).

Il n'y a pas de bonne façon de faire quelque chose qui ne fonctionne pas

Comme le dit si bien Sandrine Donzel, thérapeute et blogueuse, « il n'y a pas de bonne façon de faire quelque chose qui ne fonctionne pas ». Nous croyons souvent que, si l'enfant n'obéit pas, c'est parce que nous n'avons pas été assez fermes, assez autoritaires. Le risque d'escalade est important, proportionnel à notre risque d'épuisement…

En pratique…

De la cuisine, vous hélez votre enfant pour qu'il vienne mettre la table alors qu'il est dans sa chambre. N'ayant pas de réponse de sa part, vous l'appelez une deuxième fois, un peu agacé. Toujours pas de réponse… À la troisième demande, c'est avec colère et menace que vous lui ordonnez de vous rejoindre.

Si, à la deuxième tentative, votre demande n'est pas entendue, il vous faut tout simplement changer de stratégie.

Pour cet exemple, n'attendez pas d'être irrité ou en colère : rendez-vous auprès de votre enfant et parlez-lui avec calme, captez son attention et réitérez clairement votre demande.

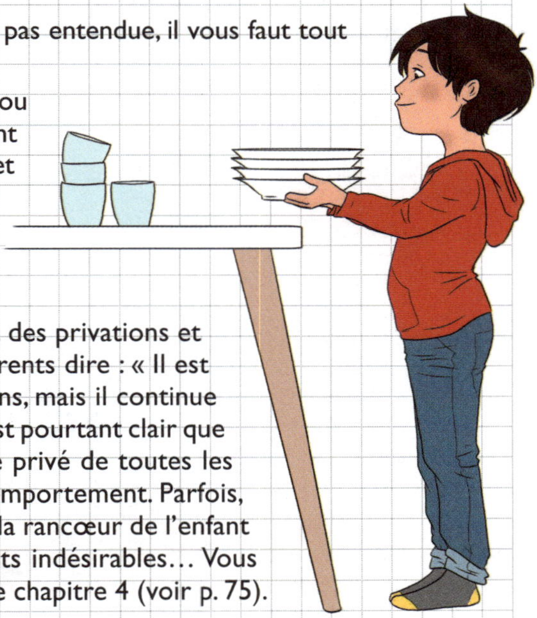

Stop à l'escalade des punitions !

Cet acharnement à persister même quand ça ne fonctionne pas se retrouve souvent au sujet des privations et des punitions. On entend fréquemment des parents dire : « Il est puni de tout : télévision, console, sorties, copains, mais il continue quand même à mal se comporter à l'école. » Il est pourtant clair que la privation n'a pas été efficace puisque, même privé de toutes les choses qu'il aime, l'enfant n'a pas changé de comportement. Parfois, l'escalade des punitions produit l'effet inverse : la rancœur de l'enfant à l'égard de l'adulte aggrave les comportements indésirables… Vous trouverez des alternatives aux punitions dans le chapitre 4 (voir p. 75).

Stop aux idées reçues ! « Les parents doivent toujours être d'accord entre eux. »

On entend souvent dire que les parents (père, mère) doivent faire front commun devant leur enfant. C'est oublier l'importance du langage non verbal. Si vous validez l'avis de votre conjoint alors que vous n'êtes pas du tout d'accord, votre corps l'exprimera malgré vous à travers un puissant langage implicite. Ce message non verbal est susceptible de générer de la confusion chez l'enfant. L'important finalement n'est pas d'être d'accord à tout prix, mais plutôt d'être conscient de la manière dont les désaccords sont gérés devant l'enfant. Si vous souhaitez communiquer de façon bienveillante avec votre enfant, pourquoi ne pas en faire bénéficier aussi tous les membres de la famille ?

Notre rapport au temps

Tous les parents sont pressés et débordés !

Vous n'êtes pas seul… Tous les parents expriment à un moment ou à un autre leur difficulté à gérer le temps. Notre rythme a considérablement évolué ces trente dernières années. Les différents types de structure familiale, la charge de travail et les trajets laissent souvent peu de temps au partage en famille, surtout en semaine. Alors une fois à la maison, après votre journée, vous avez envie que tout roule ! Bien que légitime, ce souhait n'est pas toujours réaliste.

Test : le temps et moi

Prenez le temps de remplir les bocaux ci-dessous en traçant un trait en fonction du temps que vous accordez à chacun de ces quatre domaines de votre vie, en moyenne, sur une semaine.

1. Vie professionnelle	2. Vie familiale	3. Temps personnel	4. Le couple
C'est le temps que vous accordez à votre travail. Il est constitué du temps passé sur place, du travail ramené à la maison et du temps où votre esprit est au travail alors que vous n'y êtes plus physiquement.	C'est le temps accordé à vos enfants. Il s'agit du temps partagé avec vos enfants ainsi que de la « charge mentale » occasionnée pour la logistique (organisation des modes de garde, rendez-vous médicaux…) et le bien-être des enfants, même en dehors de leur présence.	C'est le temps rien que pour vous. Quelle est la part de temps que vous vous consacrez exclusivement ? Ce temps est celui de vos loisirs, de vos amis, de votre oisiveté et de vos besoins et plaisirs personnels…	C'est la part du temps accordée à votre couple au sein d'échanges, de loisirs partagés, de câlins et d'attentions diverses.

Rares sont les parents, surtout avec des enfants jeunes, qui parviennent à équilibrer ces quatre aspects. D'ailleurs, ce n'est sûrement pas possible tout le temps, les déséquilibres lors de certaines périodes sont normaux. Une jeune maman, un père célibataire ou une famille avec quatre enfants n'auront sûrement pas les mêmes résultats.

Ce test est surtout intéressant lorsque vous vous sentez fatigué, épuisé… Il n'y a pas de bonne ou de mauvaise réponse, simplement un état des lieux qui vous permettra de constater les déséquilibres et vous donnera des pistes pour savoir dans quel domaine réinjecter de l'attention et de l'énergie.

Votre bilan

- ❑ J'ai besoin de prendre davantage de temps pour :
  moi – mon couple – mes enfants – mon travail (entourez les mentions retenues).
- ❑ Ce que j'ai envie de faire concrètement pour accorder du temps à ce domaine de ma vie (listez au moins 3 actions précises).

....

....

....

....

....

Le manque de temps

De l'impression de ne jamais avoir le temps de tout faire découle l'idée que le stress est dû principalement à la pression du temps. Mais le stress est d'abord lié à votre façon de percevoir les choses. C'est donc votre vision de la gestion du temps qui aura un impact sur votre stress, ainsi qu'une multitude d'autres facteurs qu'il est important de savoir déceler pour pouvoir agir.

Stop aux idées reçues ! « Je ne vais jamais avoir le temps de prendre soin de moi ET de me mettre à l'écoute des émotions de mon enfant en plus du reste ! »

Pas facile de gérer les priorités au quotidien, de chercher à tout faire à tout prix et d'opter pour une dynamique plus efficace ! Et s'il s'agissait finalement de prendre du temps pour éviter d'en perdre ? Pensez aux conséquences à long terme de ce manque de temps, à son coût sur votre moral, votre santé et vos relations. Vous pouvez apprendre à saupoudrer votre quotidien de bulles de conscience, de détente pour vider le trop-plein de la cocotte-minute du stress.

L'hyperconnexion

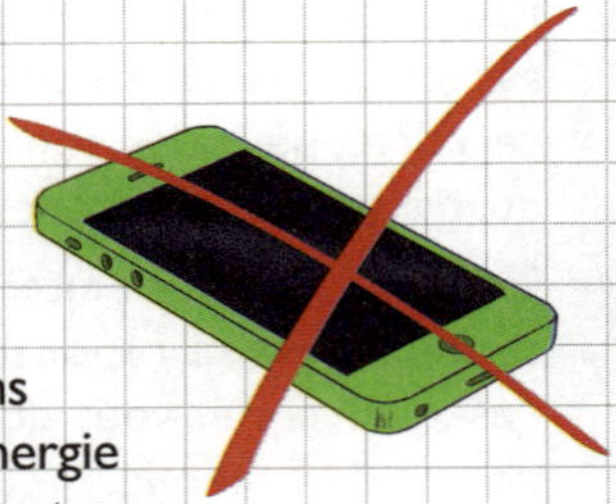

Si nous faisons sincèrement le point, nous nous rendons compte de la place importante que prennent les écrans dans notre vie : télévision, appels téléphoniques, mails, SMS, alertes d'informations ou fil d'actualité des réseaux sociaux, nous sommes submergés ! Nous restons joignables quasiment à toute heure du jour et de la nuit. En dehors de l'énergie considérable que cela demande, cette disponibilité épuise totalement notre cerveau, qui a besoin de pauses pour travailler correctement. Concentration, attention et mémoire sont plus ou moins touchées par cette stimulation quasi permanente qui engendre un stress important.

Par ailleurs, les yeux rivés aux écrans, nous perdons une grande part du lien avec nos enfants. Prenons l'habitude de nous déconnecter régulièrement un peu chaque jour pour reposer notre cerveau et communiquer dans la « vraie vie » avec les personnes qui comptent le plus pour nous.

Comment gérer le stress ?

Trop souvent, le stress du quotidien est confondu avec l'excès de stress sur une trop longue période… Constamment en hyper-vigilance, notre cerveau et notre corps s'épuisent, n'arrivent plus à s'adapter et le font savoir. Apprendre à ralentir le rythme, à écouter vos besoins vous sera bénéfique : vous vous sentirez mieux, et cela se ressentira sur la qualité de vos relations.

C'est quoi le stress ?

Initialement, le stress est un formidable mécanisme biologique qui a permis à l'espèce humaine de survivre. Au cœur de notre cerveau reptilien, nous avons un véritable détecteur de menaces, susceptible d'enclencher une série de réactions en chaîne permettant la fuite ou le combat. La sécrétion d'hormones pourvoyeuses d'énergie (adrénaline) et protectrices (cortisol anti-inflammatoire), l'accélération du cœur, du rythme respiratoire, les afflux sanguins dans les membres, tous ces phénomènes physiologiques nous donnent l'énergie de fuir ou de combattre le danger. Aujourd'hui, ces phénomènes liés au stress se déclenchent chaque jour de multiples fois, sans menace réelle et sans même que nous nous en rendions compte. Ainsi, cette géniale mécanique de survie finit par épuiser littéralement notre corps. Les conséquences ? Des problèmes cardio-vasculaires, immunitaires, des effets négatifs sur le sommeil, la digestion et l'humeur… notre système nerveux est débordé.

Il sera donc judicieux de mieux comprendre ce qui déclenche le stress pour pouvoir y répondre de manière appropriée.

Qu'est-ce qui déclenche le stress ?

Pour vous aider à clarifier ce qui déclenche du stress en vous, voici un outil mental ludique que propose Sonia Lupien. Cette chercheur en neurosciences est fondatrice et directrice du Centre d'étude sur le stress humain, et professeur à la faculté de médecine de Montréal. Depuis plus de vingt ans, elle cherche à comprendre ce qui déclenche le stress chez l'homme moderne.

Elle a pu définir quatre axes et quatre types de situations qui, quelle que soit la personne, déclencheront automatiquement les réactions biologiques du stress en cascade. Elle les a réunis sous un acronyme facile à retenir : CINÉ.

C comme perte de Contrôle
I comme Imprévisibilité
N comme Nouveauté
É comme menace pour l'Ego

Bien évidemment, lorsque plusieurs critères se cumulent, le stress n'en est que plus important. Vous pouvez, par exemple, vous trouver pour la première fois (nouveauté) dans une situation sur laquelle vous avez l'impression de n'avoir aucun contrôle (perte de contrôle), à laquelle vous ne vous attendiez pas (imprévisibilité) et en ne vous sentant pas à la hauteur (menace pour l'ego). Il suffit que nous imaginions ce type de situation pour que notre corps tout entier y réagisse. Le cerveau ne fait pas la distinction entre ce que l'on imagine et ce que l'on vit. Les mêmes aires cérébrales s'activent dans les deux cas. Par conséquent, notre corps s'active, même lorsque nous sommes en sécurité dans notre canapé, en train de ruminer nos pensées au sujet d'une dispute récente.

Sonia Lupien nous propose dans un premier temps de déconstruire les causes de notre stress pour y voir plus clair et prendre de la distance en nous posant cette question : « Quel CINÉ je me fais face à mon stress ? »

Afin de calmer cet emballement (pensées et émotions), il est important dans un second temps de trouver des solutions de secours, d'établir de nouveaux plans… Cela permet d'intégrer l'information suivante : « Il y a autre chose à faire que de fuir ou combattre, je peux me calmer ! »

Exercice : faites le point sur votre stress du moment !

Ces dernières semaines, quelles situations vous ont semblé stressantes ? Cochez les cases qui définissent la situation et la façon dont vous l'avez vécue.

C comme perte de Contrôle

I comme Imprévisibilité

N comme Nouveauté

É comme menace pour l'Ego

Passez-les aux critères du CINÉ et établissez des plans de secours. Cet exercice vous permettra de mieux comprendre la situation et de pouvoir anticiper une prochaine fois.

Mes sources de stress	C	I	N	É	Nouveaux plans à mettre en place
....					....
....					....
....					....

Gérer le stress : ce qui fonctionne vraiment !

Les études cliniques de Sonia Lupien ont aussi permis de dégager d'autres facteurs efficaces pour gérer le stress.

Bougez !

Bouger est un excellent moyen d'évacuer toutes ces tensions. Le stress se dissout dans l'action physique, puisque c'est à ça qu'il sert au départ : nous donner l'énergie pour la fuite ou le combat.

En pratique : nous savons tous que le sport est bon pour la santé, or il l'est aussi pour évacuer le stress. D'autres pistes sont possibles, vous pouvez danser dans votre salon (et pourquoi pas avec vos enfants), faire des batailles de polochon, jouer à chat perché ou, pourquoi pas, courir sur place quelques secondes…

Respirez !

Autre méthode ayant fait ses preuves, la respiration, et notamment la respiration abdominale, qui en mobilisant le diaphragme (principal muscle respiratoire) facilite le rééquilibrage de notre système nerveux.

En pratique : prolongez vos expirations en vidant bien les poumons.
Pour vous entraîner, en position assise ou debout, une main sur le ventre, cherchez à pousser votre main en gonflant le ventre sur l'inspiration et à accompagner votre expiration d'une légère pression de la main sur le ventre qui se rentre.

Riez !

Peut-être que cela vous surprendra, mais **rire et sourire** sont aussi d'excellentes techniques de gestion du stress. Le fait de contracter nos zygomatiques (les muscles du visage qui permettent de sourire) active naturellement le système nerveux parasympathique, une partie du système nerveux autonome en agissant comme un frein.

En pratique : lorsque vous vous sentez stressé, contactez votre copine rigolote plutôt que celle qui a des tas de soucis en ce moment, ou imaginez un sourire intérieur et posez-le sur votre visage…

Aidez les autres !

L'altruisme et la bonté sont aussi deux pistes étonnantes et pourtant bénéfiques pour gérer le stress, tout simplement parce que faire du bien à nos semblables est agréable pour notre corps. Nous l'ignorons souvent, mais nous sommes reliés aux autres êtres humains. Nos cerveaux sont capables de se synchroniser les uns avec les autres. Assister à des incivilités ou regarder les horreurs du monde au journal télévisé nous soumettent au stress. Faire du bénévolat, rendre service avec plaisir et nous montrer généreux nous apportent tant qu'il serait dommage de ne pas en profiter…

Nous pouvons ajouter à cette liste la **conscience de soi,** qui évite d'accumuler tant de stress que cela oblige le corps à se manifester par des symptômes importants afin d'être écouté.

En pratique : travailler à être plus conscient de ses ressentis (émotions, sentiments, sensations agréables, tensions), de ses capacités et de ses ressources, mais aussi de ses limites et de ses besoins, est un axe de **prévention** majeur du stress. Agissez avant cela. Sentez la vie se manifester en vous, mettez-vous à l'écoute de vos réactions aux événements, prenez le temps de tenir compte de cette sagesse du corps. Grâce à cette perception plus fine de vous-même, vous détecterez au plus tôt les manifestations du stress et pourrez agir efficacement.

Diminuez le stress en 5 minutes !

La cohérence cardiaque est connue en France depuis les années 2000 grâce aux écrits de David Servan-Schreiber, neuropsychologue. La technique proposée ici est promue par l'un de ses amis, le Dr O'Hare, médecin et formateur en cohérence cardiaque. Ce dernier l'a simplifiée pour en faciliter l'accès au plus grand nombre.
C'est une façon de respirer particulière, simple et efficace qui, lorsqu'elle est pratiquée régulièrement, permet de réduire de façon notable les effets du stress sur la santé.

En pratique : assis ou debout au calme pendant 5 minutes, faites 6 respirations par minute.

Idéalement, ces 5 minutes de respiration sont à reproduire 3 fois dans la journée : le matin au réveil, un peu avant le déjeuner et au milieu de l'après-midi.

Pour garder le rythme, vous pouvez télécharger gratuitement une des nombreuses applications existant pour vous caler sur un métronome programmé de façon adéquate (par exemple, RespiRelax®).

Cette technique est très efficace : au bout de 3 minutes de pratique, votre taux de cortisol, soit l'une des principales hormones du stress, se met à baisser et peut diminuer jusqu'à 30 %.

Au début, vous risquez d'avoir un peu la tête qui tourne (nous, Occidentaux, respirons très mal…), un peu ivre d'oxygène. Cela passera très rapidement et, au bout d'une dizaine de jours à raison de deux ou trois séances par jour, vous ressentirez une nette amélioration de votre état de stress.

Mon rituel quotidien : je me lève 5 minutes plus tôt et je respire. J'ajoute une alarme à mon téléphone pour me souvenir de respirer dans la journée.

Les colères des parents

À la naissance du premier enfant, il nous paraît inconcevable de nous sentir un jour furieux contre ce petit être. Nous ne ferons jamais comme cette mère qui hurle sur son enfant au supermarché, c'est impossible… Et pourtant ! La relation parent-enfant, en plus de réveiller les fragilités liées à notre propre histoire, nous fait vivre d'innombrables frustrations et désillusions, la frustration de nos besoins physiologiques de base, comme le sommeil, ou simplement les difficultés répétées au quotidien pour faire coopérer l'enfant comme nous le souhaiterions. La frustration engendre de la colère et le besoin de poser des limites. Prendre soin de ses propres émotions se révélera bénéfique pour les parents et pédagogique pour les enfants.

Stop aux idées reçues ! « Un parent bienveillant, pratiquant l'éducation positive, ne crie ni ne s'énerve jamais. »

Attention à ce genre de raccourcis… Il frustre et décourage très vite toutes les personnes qui veulent se lancer dans une éducation bienveillante et positive. Il est évidemment impossible de ne jamais s'agacer des comportements des enfants. Le parent bienveillant cherche moins à ne pas s'énerver qu'à trouver des solutions constructives et gagnant-gagnant, comme s'affirmer auprès de l'enfant avec bienveillance et fermeté avant d'être trop en colère, ou faire de la prévention sur les comportements attendus. Bien sûr, cela craque parfois, et ce dans n'importe quelle famille.

Quand les frustrations s'accumulent…

Il arrive que l'on accumule bien trop de petites frustrations. En tant que parents, nous connaissons tous ces matins où il faut répéter inlassablement à nos enfants : « Réveille-toi », « Prends ton petit déjeuner », « Habille-toi vite »… Et la journée se poursuit avec les embouteillages, le stress au travail, la logistique, l'intendance de la maison… Ces jours-là, nous passons beaucoup trop de temps à tamponner la carte de fidélité de nos frustrations en serrant les dents pour ne pas imploser. Mais ce n'est pas toujours la bonne solution. Lorsque nous aurons rempli notre carte, nous pourrions avoir en bonus une grosse explosion de colère, voire pour certains un syndrome d'épuisement.

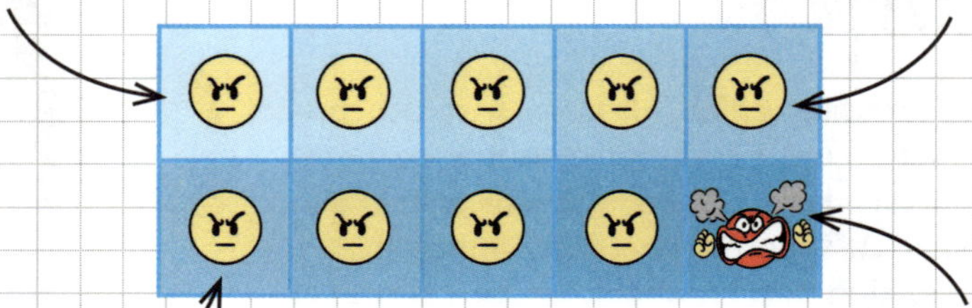

En étant plus attentif à ses besoins, en sentant venir ses émotions, il est possible d'éviter une partie de cette accumulation.

Sentez la colère arriver

Une des meilleures façons de ne pas vous emporter sous l'effet de la colère est de détecter les effets de cette émotion dans votre corps avant que sa puissance ne soit incontrôlable. Observez-vous. Sentez-vous vos mâchoires se serrer, vos poings se crisper, une tension dans le ventre ? Dans les épaules ? Un courant électrique qui vous traverse et s'amplifie ?

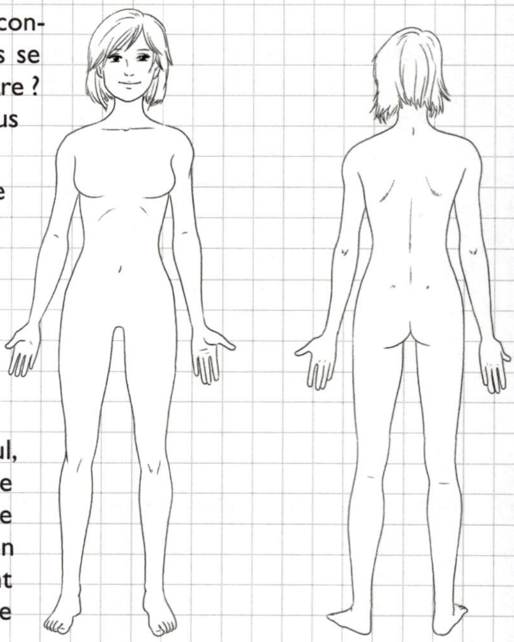

En pratique : coloriez en jaune les parties de votre corps qui s'activent lorsque la colère émerge et en rouge les zones touchées lors d'une colère explosive.

Une fois cela repéré dans votre corps, vous pourrez agir plus tôt et vous soustraire à bien des colères explosives. Vous pourrez, par exemple, vous isoler un moment pour éviter la montée en puissance de la colère qui vous assaille. Une fois seul, respirez profondément avec votre ventre et, lorsque vous serez plus calme, cherchez à comprendre ce qui est si important pour vous dans cette situation afin de pouvoir exprimer clairement à votre enfant ce qui se passe pour vous. Vous pourrez utiliser le message-je (voir p. 81) pour être mieux compris.

Activez de nouvelles ressources

Cherchez l'émotion cachée

Et s'il y avait autre chose de bien caché derrière votre colère ? Bien souvent, en plus de l'effet d'accumulation, les colères des parents sont l'expression d'autres émotions. Bien que ces émotions s'expriment par de la colère, elles n'en sont finalement pas. Il y a une différence entre ce qui est montré et ce qui est ressenti.

En pratique : votre enfant manque de se faire renverser par une voiture en traversant la route sans regarder autour de lui. Vous l'attrapez violemment par le bras et lui criez dessus. Plus que de la colère, vous avez surtout eu peur.

Créez un réflexe de secours

Mieux vous serez préparé, mieux vous pourrez gérer une situation. Il est alors utile de créer un réflexe qui vous aidera à réguler votre colère.

En pratique : cela peut être tout simplement de **vous retirer** et de vous isoler le temps de dégonfler votre ballon émotionnel, par exemple en utilisant la respiration (voir p. 67).

Vous pouvez aussi vous trouver **un mot ressource** qui vous aidera à vous apaiser. Choisissez un mot comme « zen », « cool », « amour » ou « connexion », celui qui vous parlera le plus. Ensuite, prenez le temps de le dessiner en lettres colorées dans le cadre ci-dessous afin de le « photographier », de l'imprimer tel quel dans votre tête et de pouvoir l'invoquer quand le besoin se fera sentir.

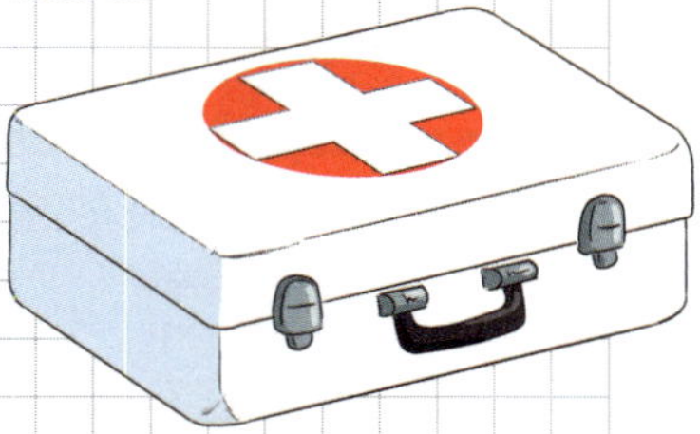

Dans le même registre, vous pouvez voir mentalement votre enfant tout bébé, un paysage ou toute autre image **ressource** que vous pourrez activer si besoin est.

Mon rituel quotidien pour gérer le stress

Avec ce programme, l'idée est de développer votre conscience de vous-même, de prendre soin de vous tout en vous prévenant du stress chaque jour. Vous disposerez aussi de quelques outils pour les moments de stress plus importants.

Au réveil

Avant de prendre votre petit déjeuner, accordez-vous **5 minutes de cohérence cardiaque** (voir p. 68). Vous pouvez également effectuer quelques étirements pour délier vos tensions. Enroulez votre tête sur le thorax et étirez-vous en vous grandissant pour réveiller votre dos, idéalement en bâillant.

Profitez de ces quelques minutes pour faire le point sur votre état interne : « Comment est-ce que je me sens ce matin ? »

Votre toilette (lorsque vos enfants ne sont pas trop petits !) peut devenir un moment de bien-être. Savourez la température de l'eau, sentez le parfum des produits de toilette, lavez-vous en conscience pour ressentir les contours de votre corps, laissez vos épaules se délasser sous le jet d'eau chaude…

Dans la matinée

Prenez une pause pour respirer en conscience, ne serait-ce que 6 respirations profondes, en ayant au préalable relâché de votre mieux les tensions inutiles de votre corps.

Au déjeuner

Même si vous mangez un simple sandwich, **prenez le temps d'être dans vos sensations.** Le sens de la vue, de l'odorat et du goût peuvent être stimulés à ce moment-là si vous êtes davantage dans l'instant présent et à l'écoute de votre faim, mais aussi de votre satiété… un plus pour éviter de trop manger !

Au cours de l'après-midi

Faites une petite pause de respiration en conscience, juste pour vider le trop-plein. Vérifiez le relâchement de vos sourcils, de vos mâchoires, de vos épaules, et respirez profondément.

Au retour de vos activités

Prenez 5 minutes de respiration avant de récupérer vos enfants à l'école ou avant de franchir la porte de la maison. Dehors ou dans la voiture, respirez quelques minutes, faites le point sur votre état intérieur. Créez un petit sas de décompression et de récupération afin d'être en lien avec vous-même et vos besoins à ce moment-là. Cela facilitera le contact avec vos enfants. Vous serez plus disponible ou, dans le cas contraire, vous serez davantage conscient de votre stress et pourrez trouver des solutions pour le canaliser en douceur, à votre rythme.
Une fois avec vos enfants, prenez un temps de qualité avec eux. Repoussez de 10 minutes les tâches quotidiennes (devoirs, douche, repas…), pour être pleinement dans l'instant avec eux. Vous pouvez jouer avec eux un moment, ou profiter d'un temps d'échange autour de la question : « Qu'est-ce que j'ai préféré vivre dans la journée ? »

Avant de dormir

Remplissez votre cahier des jolies choses. Même les journées difficiles contiennent une petite part de positif ! Faites le point sur votre journée en relevant de trois à cinq choses positives ; dans l'idéal, faites-le par écrit pendant les 3 premières semaines. Cet exercice oblige à une relecture de la journée sous un angle positif et en facilite l'intégration. Il y a toujours au moins trois choses positives à découvrir : un sourire d'enfant, un rayon de soleil, l'appel d'un ami… Cela permet d'ouvrir les yeux sur ce qui va bien plutôt que de se focaliser sur le négatif. Progressivement, vous pourrez faire cet exercice mentalement pour vous endormir sur une touche agréable.

Tout au long de la journée

Faites un arrêt sur image. Régulièrement, que ce soit derrière votre bureau, au volant ou dans toute autre situation, amusez-vous à vous immobiliser comme si vous faisiez un arrêt sur image. Prenez le temps de vous observer : votre posture, les tensions inutiles que vous pourriez relâcher, votre souffle, que vous pouvez approfondir.

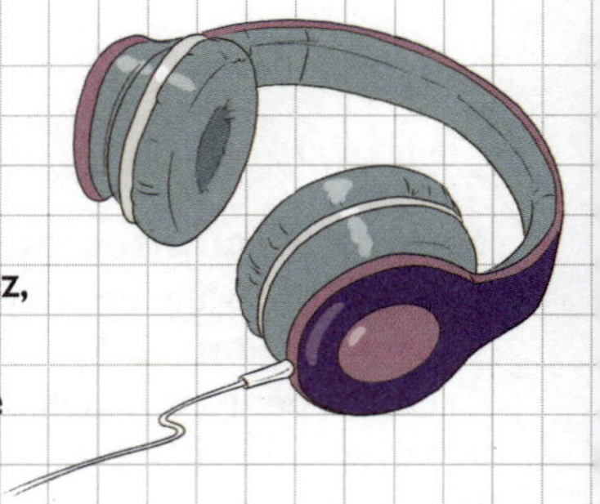

En cas de stress plus important

Trouvez votre façon de décharger votre stress en bougeant : faites le tour du pâté de maisons à pied, mettez de la musique et dansez, courez sur place…

Voici d'autres idées plus pratiques à mettre en place en dehors de la maison…

Les respirations synchronisées

Assis ou debout, prenez une profonde inspiration, puis mettez-vous en apnée, poumons pleins. Contractez en douceur tout votre corps, en insistant bien sur les bras et les poings. Expirez longuement tout en laissant la tension physique se relâcher.

L'exercice qui déstresse : les valises

Il s'agit du même exercice que celui proposé aux enfants (p. 46). En position debout, inspirez en levant vos épaules et en serrant les poings. En apnée poumons pleins, opérez des saccades de vos épaules de haut en bas, puis expirez de façon tonique par la bouche en ouvrant vos mains comme si vous jetiez le trop-plein de stress dans le sol. Attention, si vous avez des problèmes aux épaules, soyez attentif à ne pas vous faire mal.

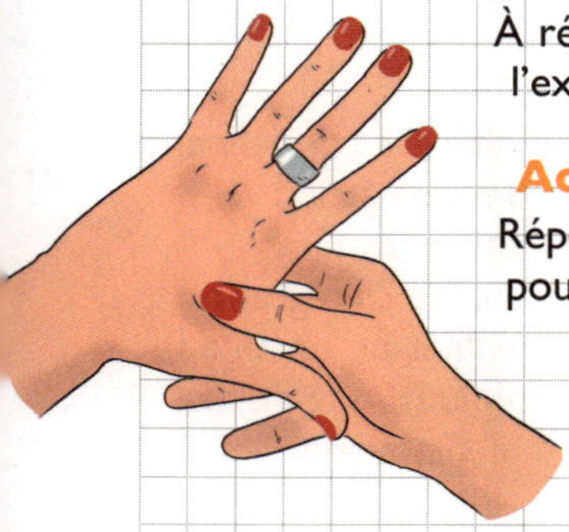

À répéter 3 fois et à faire suivre de longues respirations, en insistant sur l'expiration.

Activez votre mot ressource

Répétez régulièrement votre mot ou visualisez votre image ressource pour apaiser toute montée de stress.

Massez un point énergétique

Pendant au moins 2 minutes, appliquez sur l'une de vos deux mains une pression relativement ferme sur un point entre le pouce et l'index (voir illustration) tout en respirant profondément. Cela devrait vous soulager.

Les fleurs à votre secours

Le Dr Bach a créé les élixirs floraux pour soulager les états émotionnels désagréables. Il existe un cocktail de fleurs adapté aux moments de crise, Remède de Secours®, que vous trouverez facilement en pharmacie ou dans les magasins bio. Quelques gouttes sous la langue et vous vous sentirez mieux.

Chapitre 4

Poser des limites et coopérer

Tout serait tellement plus simple si nos enfants faisaient ce qu'on leur demande au moment où on le leur demande ! Nous sommes souvent épuisés de répéter sans cesse les mêmes consignes, et d'en arriver à crier pour essayer de nous faire entendre. De nombreux conflits du quotidien naissent ainsi en raison d'un manque de coopération au sein de la famille.
Pour que cela fonctionne mieux, les enfants ont besoin de connaître le cadre et les limites de ce qu'ils peuvent faire ou non, et les parents d'être outillés pour faciliter la coopération des enfants au quotidien.

Stop aux idées reçues ! « Les enfants doivent obéir ! »

Obéir, c'est « se soumettre à la volonté de quelqu'un, à un règlement, exécuter un ordre » (Larousse). Les questions à se poser sont alors :

- Est-ce que je souhaite que mon enfant soit dans la soumission vis-à-vis de moi ?
- Est-ce que je souhaite que mon enfant obéisse aux ordres toute sa vie sans en comprendre le sens et les implications ?

Si nous voulons privilégier le libre arbitre, l'autonomie, la responsabilité et la créativité de nos enfants, changeons de regard sur l'obéissance. Nous pouvons rester fermes sur nos besoins et souples sur les solutions permettant de les combler.

Un cadre et des limites, oui, mais pour quoi faire ?

Les adultes que nous sommes sont les garants du cadre éducatif. Bien entendu, nous n'avons pas tous les mêmes valeurs et les mêmes besoins, c'est donc à chaque famille d'élaborer le cadre et les règles qui lui conviennent. Loin d'être uniquement une contrainte, le cadre permet à l'enfant de faire ses expériences en toute sécurité sous le regard de parents plus détendus…

Pour l'enfant

À partir du moment où l'enfant commence à marcher et à agir selon sa volonté, les conflits commencent. Il devient alors nécessaire de penser aux cadres et aux limites, et de les présenter à l'enfant. Parfois, il s'agira simplement de modifier l'environnement, en mettant par exemple les objets fragiles ou dangereux hors de sa portée. Malgré tout, il vous faudra répéter les règles de vie à votre enfant et les réajuster en fonction de son âge.
Le cadre que vous poserez lui permettra de faire sereinement ses apprentissages. À partir de 5 ans, les règles sont le plus souvent connues, mais elles peuvent rester difficiles à respecter, votre bambin ayant encore du mal à réprimer ses gestes ou à résister à la tentation ! C'est aussi lorsque votre enfant donne du **sens aux règles** qu'il parvient mieux à les respecter. « Le feu du briquet brûle, je ne veux pas que tu te fasses mal » sera plus efficace qu'une injonction comme : « Il est interdit de toucher les briquets. »

Pour l'adulte

Il n'y a pas qu'à votre petit que les limites sont utiles… À vous, elles permettent d'éviter les émotions désagréables, telles que la peur et la colère. En clarifiant les règles de sécurité, vous vous protégerez de la peur de voir votre enfant se blesser ainsi que de la tension que cela provoque en vous. En posant des règles de savoir-vivre et en exprimant vos limites, vous vous éviterez des colères dont vous risqueriez de regretter les conséquences.
Vous avez donc tout intérêt à exprimer ce qui est acceptable ou non pour vous, et à en discuter en couple et en famille afin que tous soient informés des règles de la vie de famille.

Exercice : le feu tricolore

Pour faire le point sur les règles de vie de la maison, faites ce petit exercice, seul, en couple ou en famille.

Feu rouge : les comportements inacceptables et non négociables.

Feu orange : les comportements tolérés exceptionnellement.

Feu vert : les comportements souhaitables et encouragés.

Les règles non négociables

Ils concernent la plupart du temps la sécurité, le respect, l'hygiène, parfois les valeurs et les conventions sociales. Les règles seront clairement explicitées et ne varient pas, quels que soient le contexte ou l'état émotionnel du parent. Elles peuvent cependant évoluer avec l'âge de l'enfant. Par exemple, l'interdiction de toucher aux briquets à 3 ans n'aura plus vraiment de sens à 12 ans.

Ces règles répondent **aux 4 C…**

- **Claires :** elles seront énoncées en termes compréhensibles par l'enfant.
- **Connues d'avance :** la prévention est toujours plus efficace.
- **Cohérentes :** l'enfant peut en comprendre le sens.
- **Conséquences :** l'enfant a compris les conséquences en cas de non-respect de la règle.

Notez ici les règles indiscutables de la maison.

Listez-les en les formulant clairement.

- ……………………………………………………………………………………
- ……………………………………………………………………………………
- ……………………………………………………………………………………
- ……………………………………………………………………………………

Les règles tolérant les exceptions

Il s'agit des règles ou des comportements auxquels il est possible de déroger temporairement ou exceptionnellement. Par exemple, vous pouvez refuser que votre enfant boive des sodas habituellement, mais faire une exception lors d'une fête. Certains comportements peuvent aussi être tolérés pour d'autres raisons : votre enfant est en cours d'apprentissage et n'a pas encore acquis la compétence nécessaire ; la situation familiale est difficile et vous assouplissez ponctuellement certaines règles ; il s'agit simplement d'une faveur ponctuelle. Dans tous les cas, vous devrez bien préciser à votre enfant le caractère exceptionnel de la situation !

Notez ici les règles supportant les exceptions.

- ……………………………………………………………………………………
- ……………………………………………………………………………………
- ……………………………………………………………………………………
- ……………………………………………………………………………………

Les comportements à soutenir et à valoriser

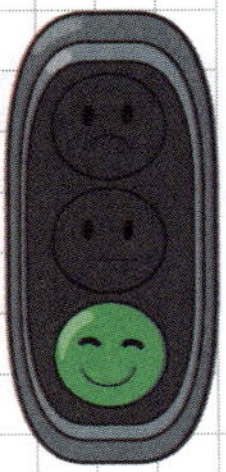

Ce sont les règles de vie qui correspondent aux valeurs que vous souhaitez transmettre à vos enfants et qui regroupent les comportements que vous attendez. Cela peut concerner les comportements acquis par votre enfant que vous voulez voir se pérenniser et ceux dont vous souhaitez qu'il fasse l'acquisition, comme manger avec des couverts ou faire ses devoirs de façon autonome.

Notez ici les comportements que vous souhaitez soutenir chez votre enfant en ce moment.

- ....
- ....
- ....
- ....
- ....
- ....

Fixer régulièrement un conseil de famille
Les enfants grandissent et les règles évoluent. En participant aux règles de la collectivité, l'enfant impliqué les respectera plus facilement. Cela vous permet également de vous assurer que votre petit comprend la règle et qu'elle a du sens pour lui.

Sanctions contre punitions

Si l'enfant ne coopère pas malgré les explications et les demandes répétées, la tentation est grande de le punir. Mais rendons-nous à l'évidence, il suffit de discuter entre parents pour se rendre compte que, la plupart du temps, les punitions sont assez inefficaces. L'éducation positive vise une autorité d'influence plutôt qu'une autorité de pouvoir, et s'exerce sans punitions ni récompenses…

Les inconvénients des punitions

De fausses croyances…

Les punitions ont pour objectif de faire comprendre à l'enfant l'aspect inacceptable de sa conduite. Parfois, cela peut fonctionner, mais à court terme seulement en général.

Les psychologues et les pédagogues qui se sont penchés sur la question estiment que, dans la plupart des cas, **la punition est inefficace.** La croyance selon laquelle les ressentis désagréables qui découlent de la punition vont provoquer une prise de conscience et un changement de comportement est bien souvent illusoire.

Une réaction contre-productive

En effet, lorsqu'on punit un enfant, en le privant de ce qu'il aime ou en l'isolant, il a tendance à ressentir des sentiments négatifs à l'égard de l'adulte. Il y a de fortes chances que son attention et son énergie soient essentiellement tournées vers la rancœur, la manière de se venger ou celle de ne pas se faire prendre la prochaine fois. Lorsqu'on punit, on veut « faire payer » à l'enfant sa conduite. Cela ne peut que déclencher des réactions de rébellion ou de soumission, selon le tempérament de l'enfant, en égratignant au passage la qualité des liens familiaux.

Appliquer une punition arbitraire qui n'a rien à voir avec le comportement inacceptable est donc souvent contre-productif. Elle prive l'enfant d'un précieux processus de responsabilisation et de recherche de réparation. Si la punition efface tout, l'enfant n'est conduit ni à la réflexion ni à un changement en profondeur.

Malgré tout, il est indispensable qu'il comprenne quels sont les limites et les comportements acceptables, ce qui est possible en dehors d'une dynamique répressive et d'un rapport de force.

Les sanctions

La sanction : une pédagogie positive

Les sanctions naissent d'un état d'esprit différent. Alors que l'objectif est le même (faire comprendre à l'enfant que son comportement est inacceptable), l'intention est différente puisque la sanction découle naturellement des conséquences du comportement.
En contact direct avec la réalité, les sanctions naturelles ont une visée pédagogique : l'enfant peut faire du lien entre son comportement et la sanction qu'il doit vivre.

Objectif ? Comprendre (vraiment) son erreur

Par exemple, au petit bonhomme de 7 ans qui inonde d'eau la salle de bains au moment de sa douche (alors qu'il sait qu'il doit faire attention) reviendra la charge d'éponger les flaques et autres conséquences de son acte.
La sanction a donc une visée réparatrice sur la base d'une règle connue et comprise. Elle n'est pas arbitraire et ne découle pas d'un mouvement de colère parentale, comme c'est souvent le cas des punitions.

Stop aux idées reçues ! « Une fessée de temps en temps, ça ne fait pas de mal ! »
Olivier Maurel a beaucoup écrit sur les violences éducatives ordinaires, comme les fessées et humiliations (éditions La Plage). En plus d'être mauvaises pour la santé lorsque leur fréquence est régulière, elles communiquent des messages très puissants à l'enfant qui sont souvent à l'opposé des valeurs parentales, comme : « J'ai le droit d'utiliser la violence quand je ne suis pas satisfait », « La violence est un moyen de résoudre les problèmes », « Les plus forts dominent », « On a le droit d'aimer et de faire du mal »…
Est-ce vraiment ce genre de messages que vous souhaitez transmettre à vos enfants ?

Et les récompenses alors ?

Trop de récompenses... tuent la récompense !

Tout comme les punitions, les récompenses ne sont, elles non plus, pas très efficaces. La motivation de l'enfant à faire ou à réussir quelque chose ne trouve plus son origine en lui-même, mais à l'extérieur de lui. Les récompenses devront être de plus en plus importantes pour susciter la motivation. Conséquences : elles rendent dépendant de la personne qui les distribue et démotivent sur le long terme.

Un bénéfice à court terme

Inconvénient supplémentaire, l'absence de récompense peut être perçue comme une punition. Enfin, pour que les récompenses fonctionnent, l'enfant doit être incapable de les acquérir par lui-même ; par conséquent, plus l'enfant grandit et peut obtenir les choses par lui-même, moins les récompenses auront d'impact...

S'affirmer avec respect

Il est bien sûr important de pouvoir exprimer ce que l'on ressent à ses enfants. La plupart d'entre nous n'ont jamais appris à le faire de façon respectueuse, c'est pourquoi nous formulons des critiques et des reproches, voire faisons la morale à nos enfants plutôt que de leur parler clairement de nos ressentis. Dans ces moments de conflit, nous voulons que l'enfant comprenne que sa conduite nous pose un problème, mais notre maladresse l'invite plutôt à se défendre, à se justifier ou à refuser le dialogue. Il existe pourtant des façons de s'exprimer respectueusement, et cela facilite la compréhension de notre vision des choses par l'enfant.

Le pouvoir de la description

D'une manière générale, le simple fait de décrire ce qui se passe en nous éclaire l'enfant sur notre vision du monde et l'aide à comprendre notre réaction. Cela suffit parfois pour obtenir, sans même avoir à le demander, un changement ou un comportement adapté de la part de l'enfant.

Privilégiez les remarques factuelles

Plutôt que de dire à votre enfant « Tes jouets traînent partout à l'entrée de ta chambre », vous pourriez simplement décrire ce que vous voyez, un peu comme une caméra neutre qui filmerait la scène : « Il y a trois poupées, une poussette et deux peluches devant ta porte, je ne peux pas rentrer dans ta chambre. » Imaginant plus facilement la scène de votre point de vue grâce à la description que vous en avez faite, votre bambin aura plus de chance de coopérer en venant à votre secours.

L'avantage de cette description ? Il n'y a pas de **jugement,** et il est toujours plus facile de coopérer lorsque nous ne nous sentons pas attaqués. Cela ne sera bien sûr pas efficace à tous les coups, mais ça vaut la peine d'essayer !

Le message-je

Ras-le-bol des disputes à répétition ? Le comportement de votre enfant entre en conflit avec vos besoins ? Il devient utile d'exprimer votre ressenti, mais pas de n'importe quelle façon : avec le « parler clair » (les enfants aiment beaucoup cette expression) grâce au « message-je » de Thomas Gordon, célèbre psychologue américain. Plutôt que d'être dans le reproche en parlant « sur » l'enfant, nous allons chercher à exprimer clairement **ce qui se passe pour nous.**

En respectant trois critères simples, notre petit comprendra beaucoup plus clairement notre message…

Les trois étapes du message-je de confrontation

Je décris ce que je vois, la situation.

↓

Je décris, je nomme ce que je ressens.

↓

Je décris les conséquences, les effets tangibles.

Astuce : vous pouvez aussi vous fabriquer une affiche qui regroupe ces trois dessins et la mettre en évidence pour que tous les membres de la famille les utilisent.

Exercice : parler clair

Pour vous entraîner à ce mode d'expression dont nous n'avons pas l'habitude, allez-y par étapes, comme dans l'exemple de Léo ci-après, en remplissant d'abord les trois cases avant de formuler votre phrase complète. Inspirez-vous de l'un des derniers conflits que vous avez eus avec votre enfant et réfléchissez à ce que vous auriez pu lui dire de différent.

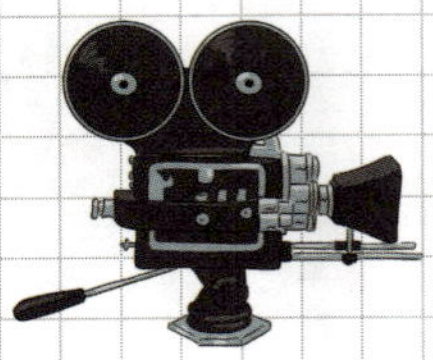

Décrire le comportement	**Décrire ce que l'on ressent**	**Expliquer les effets concrets**
Dans sa chambre, Léo laisse ses vêtements par terre ou sous le lit.	Je suis agacé.	Temps supplémentaire quand je passe l'aspirateur qui m'empêche de faire autre chose.

Message-je
Léo, quand tu laisses tes vêtements sur le sol de ta chambre et sous ton lit, je suis agacé car cela me prend plus de temps pour passer l'aspirateur, ce qui m'empêche de faire autre chose (si possible, précisez quoi)…

Décrire le comportement	**Décrire ce que l'on ressent**	**Expliquer les effets concrets**

Message-je

À force de vous entendre vous exprimer de cette manière, votre enfant s'inspirera de vous et s'appropriera cette façon saine de communiquer.

Prévenir plutôt que rugir

Avec nos visions du monde si différentes, les enfants ne se rendent pas toujours compte de ce que l'on attend d'eux. Leur exprimer clairement nos attentes les aidera à y voir plus clair et à s'y conformer plus facilement. Toujours en utilisant la description, nous pourrions, en reprenant l'exemple précédent, dire à notre enfant : « Je vais passer l'aspirateur aujourd'hui, je souhaite que le sol de ta chambre soit dégagé pour aller plus vite. »

La boîte à outils de la coopération

En vous mettant à l'écoute de votre enfant, en posant des règles claires et en vous affirmant respectueusement, vous devez déjà obtenir davantage d'implication de votre petit dans la vie familiale. Voici quelques autres points bien utiles à ajouter à votre métier de parent.

Soyez affirmatif

« Ne cours pas au bord de la piscine ! », « Ne te mets pas debout sur le canapé ! » « N'enlève pas ta casquette ! »... Nous exprimons souvent nos consignes à nos enfants sous la forme négative. Sans nous en rendre compte, nous leur rendons la tâche difficile. Pourquoi ? Parce que notre cerveau n'aime pas les négations. Lorsqu'il se représente les choses de façon visuelle, la négation disparaît...

Essayez de ne pas penser à un éléphant rose... Maintenant que vous avez lu cette phrase, il y a peu de chance que vous ayez pensé à autre chose qu'à un éléphant rose !

En pratique : pour aider votre enfant, prenez l'habitude de formuler les consignes de façon affirmative, cela mobilisera plus vite son attention et facilitera les choses : « Au bord de la piscine, on marche », « Sur le canapé, on s'assied », « Garde ta casquette au soleil »...

Proposez des alternatives et des choix

À longueur de journée, nos enfants doivent suivre nos consignes, et ce dans tous les milieux qu'ils fréquentent (à la maison, à l'école, au centre de loisirs...). Pourtant, comme tous les êtres humains, les enfants aiment avoir une part de liberté ! C'est ce que permettent les choix et les alternatives.

En pratique : avec les choix, nous permettons à l'enfant d'avoir un peu de latitude : « Tu préfères prendre un bain ou une douche ? » Une proposition illusoire, car dans cet exemple il est sous-entendu que l'enfant va se laver ! Chez les plus jeunes (2-4 ans), ce type de choix fonctionne bien.
L'enfant peut aussi répondre « Aucun des deux ! », auquel cas vous chercherez, grâce à l'écoute active, à comprendre les raisons de son refus.

Proposez-lui des alternatives : s'il ne peut pas sauter sur le canapé, il peut en revanche sauter sur le trampoline, sauter dehors ou sur votre lit (en votre présence)... Les alternatives permettent au parent de proposer à l'enfant une situation dans laquelle le même comportement ne pose pas de problème et ne provoque pas de dispute.

Prenez des temps de qualité

Régulièrement, le comportement des enfants vise à attirer notre attention. Ils sont d'ailleurs souvent critiqués pour cela, comme si avoir **besoin** de l'attention de son parent n'était pas normal. En accordant des temps de qualité à votre enfant, vous lui accordez de la valeur, vous renforcez les liens d'amour. Un enfant dont le réservoir d'amour est rempli, que l'on a pris le temps d'écouter, coopérera bien plus facilement.

En pratique : au sein de nos vies surmenées et hyper-connectées, c'est parfois difficile. Cela l'est encore plus pour les parents solos, qui n'ont pas, ou que très peu, de soutien. Cependant, une dizaine de minutes par jour de présence qualitative en semaine et davantage le week-end peuvent vraiment améliorer l'ambiance familiale.

Les jeux et l'humour pour changer l'humeur du jour

Le jeu est une excellente façon de faire coopérer les enfants. C'est une manière directe d'entrer dans leur univers. Jeux éducatifs ou jeux libres sont des vrais moments de qualité que vous partagez avec votre bambin. Ils remplissent leur réservoir d'amour et d'attention, et permettent parfois de rejouer des situations qu'ils ont besoin de clarifier.

Donner une tonalité ludique à nos demandes invite au rire, à la légèreté, et bien souvent à l'exécution de la tâche demandée !

En pratique : et si, par exemple, vous mettiez votre enfant sur votre dos et que vous imitiez un cheval pour l'emmener se brosser les dents ? Si vous parliez avec une voix rigolote pour donner une consigne, en faisant l'idiot ou en parlant une langue imaginaire ? Vous trouverez une mine d'idées dans le livre *Qui veut jouer avec moi ?* de Lawrence Cohen (éditions Jean-Claude Lattès).

Évidemment, vous ne ferez pas le cheval tous les soirs pendant des mois, mais briser la routine à l'aide du jeu plaît énormément aux enfants et change l'humeur de tout le monde. Tout est plus simple quand l'ambiance est bonne !

Renforcez le positif !

Plutôt que de relever systématiquement les comportements qui ne vont pas, essayez d'élargir votre vision en partant à la recherche du positif.

En pratique : pour qu'il sache clairement ce que vous appréciez, vous pouvez **vous servir du message-je** (voir p. 81), en insistant surtout sur les faits et sur vos ressentis.

Vous pouvez également **le complimenter de façon efficace.** Un compliment est efficace lorsqu'il est accueilli par son destinataire. Pour cela, veillez à rester descriptif sur ce que vous souhaitez valoriser dans son comportement. Cela permettra à votre petit de comprendre et d'intégrer l'événement en rejouant dans sa tête la situation, et enfin de s'accorder à lui-même le compliment. Les enfants sont très friands de compliments descriptifs.

Exercice : le coffre aux trésors

Faites une liste claire et précise des comportements que vous appréciez chez votre enfant.

- ....
- ....
- ....
- ....
- ....
- ....
- ....

J'arrête fessées et punitions

Vous souhaitez des relations plus apaisées au sein de votre famille, et notamment gérer différemment les inévitables conflits de la vie de famille ? Voici un programme qui vous permettra d'avancer étape par étape, d'abord en faisant le point avec vous-même, ensuite en vous ouvrant à une relation plus apaisée avec votre enfant.

En préambule

- Clarifiez les règles de la maison et les règles de vie en commun (voir pp. 76-77).
- Faites le point sur votre stress (voir p. 66).
- Discutez avec d'autres parents d'enfants du même âge, vous serez souvent rassuré de constater des comportements similaires.

En solo

- Entraînez-vous au repérage des signes corporels et mentaux qui vous indiquent que vous êtes en train de dépasser vos limites de patience. Notez-les dans un coin de votre tête afin de les repérer et de pouvoir agir avant de rugir.
- Prenez soin de vous au quotidien en respirant régulièrement, profondément, et en vous accordant quelques minutes chaque jour rien que pour vous (voir p. 63).

En cas de conflit

- Utilisez votre ressource interne (voir p. 71) ou isolez-vous si la colère monte trop vite.
- Respirez en poussant lentement vos expirations jusqu'au bout.
- Si vous êtes vraiment furieux, pratiquez les « valises qui déstressent » (voir p. 74).
- Lorsque votre émotion est moins intense, prenez le temps de vous questionner :
  - ➢ « Qu'est-ce qui est si important pour moi dans cette situation ? » Vous clarifiez ainsi la valeur ou le besoin frustré dans la situation.
  - ➢ « Quelle compétence manque à mon enfant pour changer de comportement ? » Est-ce la gestion de la colère ? Est-ce lié à son âge ?...
- En fonction de vos réponses à ces questions :
  - ➢ préparez votre message-je pour donner des informations claires à votre enfant.
  - ➢ dirigez-vous si besoin est vers le programme émotion adapté aux difficultés de votre enfant (voir pp. 43 à 54).

Dans la relation à l'enfant

- Communiquez votre mécontentement à l'aide du message-je (voir p. 81).
- Complimentez au quotidien votre enfant sur ce qui est positif : au minimum trois valorisations par jour !
- Partagez des moments de qualité avec votre enfant, remplissez vos réservoirs d'amour respectifs : lecture, câlins, jeux, sport, balade, cuisine…
- Lorsque votre enfant est bouleversé, prenez le temps de l'écouter et de « descendre de votre montagne » pour comprendre ce qu'il vit et faciliter votre empathie.
- Responsabilisez votre enfant en le sanctionnant avec des actions en rapport avec la situation problématique.
- Si, malgré vos efforts, vous dérapez (réaction ou geste brusque), excusez-vous auprès de votre enfant et réfléchissez ensemble au moyen de faire autrement si la situation se reproduit.

Programme : je commence l'éducation positive

Vous êtes convaincu des bienfaits de l'éducation positive, mais c'est si différent de ce que vous connaissez que vous ne savez pas par où commencer ? Dans ce programme sur 4 semaines, vous pourrez installer progressivement cette nouvelle vision des relations entre adultes et enfants et ces nouvelles compétences de communication dans votre quotidien. Gardez toujours en tête qu'il ne s'agit pas d'être parfait… c'est impossible !

Semaine 1 : observez

Objectif : faire un état des lieux de votre fonctionnement familial et faire le point sur vous-même.

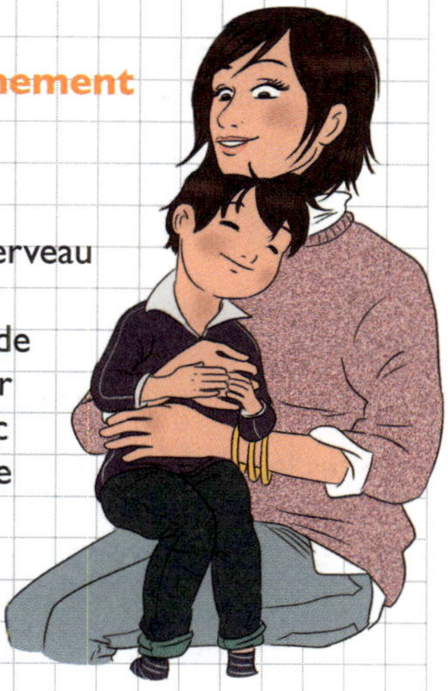

En famille

- En fonction de l'âge de votre enfant, clarifiez ce dont son jeune cerveau est capable afin d'avoir des attentes réalistes (voir pp. 18-19).
- Observez votre comportement lorsque votre enfant exprime de la colère, de la peur ou de la tristesse : cherchez-vous à calmer l'émotion ou l'accueillez-vous ? Êtes-vous aussi à l'aise avec chacune de ces émotions ou certaines génèrent-elles davantage de « réactionnel » en vous ?
- Combien de temps de qualité accordez-vous à vos enfants ? En semaine ? Le week-end ? Prenez-vous le temps de jouer avec eux ?

- En cas de conflit de besoins adultes-enfants, observez ce qui se passe : disputes ? Punitions ? Fessées ? Bouderies ?

Et vous alors ?

- Combien de temps vous accordez-vous chaque jour ? Y a-t-il une activité qui vous manque et que vous souhaiteriez reprendre ?
- Comment, quand, où et avec qui vous détendez-vous ?
- Vous sentez-vous souvent agacé ou en colère dans votre vie familiale ?

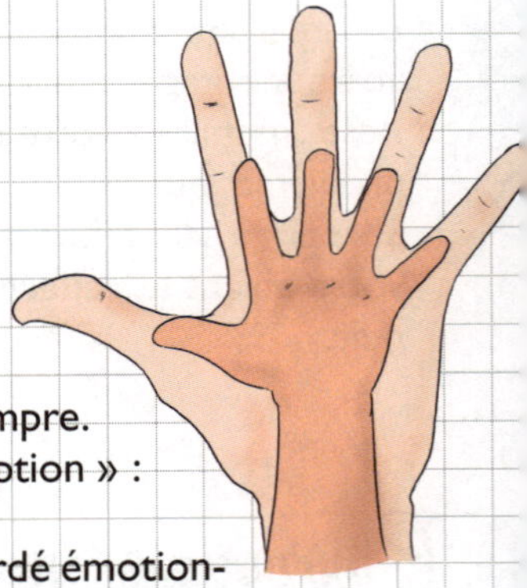

Semaine 2 : améliorez votre écoute

Objectif : s'écouter et écouter l'enfant.

Écoutez votre enfant

- Pendant une journée, à chaque fois qu'il semblera avoir un problème, écoutez votre enfant silencieusement, sans l'interrompre. Maintenez le contact du regard et offrez-lui des « accusés de réception » : sourires, hochements de tête…
- Les jours suivants, entraînez-vous à reformuler à votre enfant, débordé émotionnellement, ce que vous pensez qu'il ressent. Avec des mots simples, nommez ses émotions en essayant de les nuancer grâce au vocabulaire que vous utiliserez : il existe différents degrés d'intensité émotionnelle.
- Proposez de nombreux moments de contact physique à votre enfant par le biais de jeux ou de câlins.

Écoutez-vous

- Prenez conscience des situations qui vous font réagir émotionnellement en tenant compte de vos réactions corporelles et de vos pensées.
- Faites chaque jour quelque chose rien que pour vous, en conscience, même si ce n'est que pour quelques minutes.
- Soyez attentif à vos besoins de sommeil, de repos et de partage.

Semaine 3 : posez les règles et faites-les respecter

Objectif : poser un cadre et des limites qui permettent aux parents de se sentir bien et aux enfants de faire leurs apprentissages.

- Faites le point sur les règles de vie que vous souhaitez transmettre à vos enfants (voir p. 76-77).
- Si l'âge de vos enfants le permet, organisez un conseil de famille pour poser ces différentes règles de vie et discutez -en ensemble.

- Si vos enfants sont très jeunes, formulez-leur les règles, une à la fois, lorsque la situation se présente.
- Lorsque les comportements de vos enfants ne sont pas acceptables pour vous, utilisez le message-je (voir p. 81) pour le leur communiquer.
- Valorisez dès que possible les comportements considérés comme souhaitables en les décrivant concrètement et en exprimant les émotions positives qu'ils suscitent en vous.
- Créez des moments d'attention exclusive envers votre enfant.

Semaine 4 : favorisez la coopération

Objectif : sortir des rapports de pouvoir pour des relations plus équilibrées.

- Soyez affirmatif dans vos consignes.
- Quand c'est possible, proposez des choix et des alternatives à vos enfants (voir p. 83).
- Utilisez l'humour, l'imaginaire et le jeu pour entrer en relation avec vos enfants (voir p. 42 et p. 84).
- Quand votre enfant refuse catégoriquement de coopérer, repasser en mode « écoute » pour comprendre ce qu'il vit (voir p. 33).
- Pour les routines du quotidien, créez en famille des affiches avec des mots et/ou des pictogrammes qui rappellent les différentes étapes.
- Lorsque la non-coopération de l'enfant entre en conflit avec vos besoins, exprimez-vous avec le message-je (voir p. 81).

Par la suite

Continuez à varier les approches en fonction de ce qui vous convient, à vous et à votre enfant. Lors des inévitables moments de découragement, rappelez-vous que tous les parents en ont et qu'il est difficile d'éduquer un enfant. C'est sûrement le signe qu'il faut prendre davantage soin de vous pour continuer à prendre soin de votre famille.

Bilan

Sentez-vous que votre vision de l'éducation a changé depuis la lecture de ce cahier ? Vous avez mis en place de nouvelles habitudes relationnelles et communiquez différemment. Vous vivez davantage de moments privilégiés et, comme tous les parents, des petits moments de découragement.

Pour continuer dans cette voie constructive, prenez le temps de faire le point…

Ce que vous avez mis en place…

- ❑ Je prends plus soin de moi.
- ❑ J'écoute davantage mes enfants.
- ❑ Je crie moins souvent.
- ❑ Mes enfants sont plus coopératifs.
- ❑ J'ai arrêté les fessées.
- ❑ Nous établissons davantage les règles en famille.
- ❑ Autre (précisez) : ……………………………

Quelles sont les notions qui vous ont le plus marqué…

- ❑ Le développement de l'enfant.
- ❑ Mieux comprendre les émotions.
- ❑ Prendre conscience que je négligeais mes propres besoins.
- ❑ L'inefficacité des punitions.
- ❑ L'importance de valoriser le positif.
- ❑ Autre (précisez) : ……………………………

Aviez-vous un objectif particulier en achetant ce cahier, et si oui lequel ?

Par exemple : moins crier

……………………………………………………

Avez-vous utilisé l'un des programmes proposés ?

Oui ❑ Non ❑

Si oui, lequel ?

……………………………………………………

Êtes-vous satisfait du résultat ? Pourquoi ?

……………………………………………………

Avez-vous mis en place de nouveaux rituels ?

Oui ❑ Non ❑

Si oui, lesquels ?

……………………………………………………

De quoi êtes-vous particulièrement satisfait ?

Par exemple : lorsque j'écoute mon enfant et qu'il s'apaise…

……………………………………………………

……………………………………………………

Quelle est votre principale piste d'amélioration ?

Par exemple : prendre davantage soin de moi.

……………………………………………………

……………………………………………………

Comment comptez-vous vous y prendre pour progresser sur ce dernier aspect ?

Par exemple : m'inscrire à un atelier de parents, faire les choses par étapes…

……………………………………………………

……………………………………………………

Selon vous, quels obstacles pourraient contrarier l'atteinte de votre objectif ?

Par exemple : le manque de temps, la divergence de vision avec mon conjoint…

………………………………………………………………………………………………

Qu'allez-vous mettre en place concrètement pour vous préserver de ces obstacles ou pour mieux pouvoir les gérer ?

Par exemple : chercher du soutien, communiquer…

………………………………………………………………………………

Pour rester bienveillant, selon vous, vous devez absolument continuer à…

- ❑ Respirer en conscience.
- ❑ Faire du sport.
- ❑ Me rappeler que tout comportement a un sens.
- ❑ Sortir de la pièce quand la colère monte trop fort.
- ❑ Faire une activité particulière. Laquelle ? ……………………………
- ❑ Prendre soin de mon couple.
- ❑ Travailler moins.
- ❑ Prendre plus de temps de qualité avec mes enfants.
- ❑ Autre (précisez) : ………………………………………………

Conclusion

Depuis que vous avez commencé cette incroyable aventure de parent, vous avez pu vous rendre compte des joies et des difficultés de votre mission. Avec ce cahier, vous vous ouvrez à une nouvelle vision et à des relations familiales plus constructives.

Vous avez aussi sûrement constaté que ce qui fonctionne un jour peut ne plus fonctionner le lendemain, ou que ce qui fait coopérer l'un de vos enfants à vitesse grand V ne fait pas bouger l'autre d'un pouce… Gardez toujours à l'esprit qu'en matière d'éducation rien ne fonctionne pour tous les parents, avec tous les enfants et en toutes circonstances ! C'est IMPOSSIBLE ! C'est en étant à l'écoute de votre petit dans le moment présent que vous trouverez les solutions adaptées.

Surtout, soyez indulgent avec vous-même… Les enfants évoluent constamment, il nous faut donc les suivre et nous adapter sans cesse. Tout cela représente du stress qui vient s'ajouter aux autres contraintes de la vie. Prendre soin de vous est donc nécessaire pour se lancer dans cette approche de la parentalité. Nos enfants apprennent davantage en nous observant qu'en nous écoutant. Incarner ce que l'on souhaite leur transmettre est la meilleure façon de le leur communiquer. Ce ne sera pas un long fleuve tranquille, c'est sûr, mais progresser avec ses enfants est une chance inestimable ! Si cela nous demande beaucoup d'efforts, nous pouvons rêver que l'éducation respectueuse que nous leur avons offerte leur permettra d'accompagner un jour, eux aussi, leurs propres enfants sur le chemin de la bienveillance. Y a-t-il un plus beau cadeau pour la vie ?

« Soyons le changement que nous souhaitons voir dans le monde », Gandhi.

Carnet d'adresses

Le site de l'auteure

Christine Klein, sophrologue, formatrice, conférencière, animatrice d'ateliers de parents :
www.christineklein-sophrologie.com
blog-christineklein.com

Blogs parentalité

Sandrine Donzel : www.blog.scommc.fr
Apprendre à éduquer : http://apprendreaeduquer.fr
Les Vendredis intellos : https://lesvendredisintellos.com
Les Supers Parents : http://www.les-supers-parents.com

Ateliers de parents

Les ateliers des parents stressés sur le site de l'auteure
www.latelierdesparents.fr
www.ateliergordon.com
www.disciplinepositive.fr
http://www.filliozat-co.fr/ateliers-filliozat

Autres ressources

Observatoire de la violence éducative ordinaire : www.oveo.org
Émoticartes (jeu pour développer l'intelligence émotionnelle des enfants) : www.emoticartes.com

Bibliographie

- Dr Catherine Gueguen, *Pour une enfance heureuse*, Robert Laffont.
- Thomas Gordon, *Éduquer sans punir*, Marabout.
- Thomas Gordon, *Parents efficaces*, Marabout.
- Thomas Gordon, *Parents efficaces au quotidien*, Marabout.
- Adele Faber et Elaine Mazlish, *Parents épanouis, enfants épanouis*, Le Phare.
- Adele Faber et Elaine Mazlish, *Parler pour que les enfants écoutent, écouter pour que les enfants parlent*, Le Phare.
- Marshall Rosenberg, *Les mots sont des murs, ou bien ce sont des fenêtres*, Jouvence.
- Isabelle Filliozat, *Au cœur des émotions de l'enfant*, Marabout.
- Isabelle Filliozat, *Il n'y a pas de parents parfaits*, Marabout.
- Isabelle Filliozat, *J'ai tout essayé*, Marabout.
- Isabelle Filliozat, *Il me cherche*, Marabout.
- Isabelle Filliozat, *Que se passe-t-il en moi ?* Marabout.
- Margot Sunderland, *la Science au service des parents*, Hurtubise.
- Olivier Maurel, *Violence éducative ordinaire, le trou noir des sciences humaines*, L'Instant Présent.
- Olivier Maurel, *la Fessée, question sur la violence éducative*, La Plage Éditeur
- Walter Mischel, *le Test du marshmallow*, Jean-Claude Lattès.
- Daniel Goleman, *l'Intelligence émotionnelle*, J'ai lu Bien-être.
- Dr Daniel Siegel et Tina Payne Bryson, *le Cerveau de votre enfant*, Les Arènes.
- Sonia Lupien, *Par amour du stress*, Le Carré.
- David Servan-Shreiber, *Guérir*, Pocket Évolutions.
- David O'Hare, *Cohérence cardiaque 365*, Thierry Souccar.
- Dr Pierre-Noël Delatte, *5 points pour mon enfant*, Guy Trédaniel.
- Catherine Dumontheil-Kremer, *Une nouvelle autorité sans punition ni fessées*, Nathan.
- Céline Alvarez, *les Lois naturelles de l'enfant*, Les Arènes.
- Alice Miller, *C'est pour ton bien*, Flammarion.

Remerciements

À mes parents, Bernard et Marie, pour leur amour inconditionnel et leur non-violence éducative. Vous avez semé et arrosé les graines de ce que je suis aujourd'hui.

À mon mari, Loïc, pour son amour, sa présence et son soutien sans faille. Tu es mon phare…

À notre fille, Lily, pour sa joie de vivre, son caractère affirmé et ses remarques pertinentes. Merci de nous laisser grandir et apprendre à tes côtés. Je t'aime.

À tous les parents et enfants que j'ai accompagnés. Un immense merci pour votre confiance.
À Juliette Collonge, pour son soutien et sa bienveillance tout au long de la rédaction de ce cahier. Cela m'a été très précieux.

Découvrez tous nos cahiers pratiques et notre catalogue sur :
www.solar.fr

Direction : Jean-Louis Hocq
Direction éditoriale : Suyapa Hammje
Directrice de collection : Juliette Collonge
Édition : Marion Guillemet-Bigeard
Rédaction : Chloé Chauveau, Nelly Deflisque
Conception et mise en couleur de la couverture : Stéphanie Brepson
Mise en pages : Nord Compo
Fabrication : Céline Premel-Cabic

ISBN : 978-2-263-15185-9
Code éditeur : S15185
Dépôt légal : février 2018
Imprimé en France par Imprimerie de Champagne - Langres (52)

HarmonieSolar

harmonie_solar

Solar | un département **place des éditeurs**

place
des
éditeurs